Gregório de Matos

Poesias Selecionadas

Texto integral

Edição renovada

São Paulo – 2013

Copyright © Editora FTD, 2013
Todos os direitos reservados à
EDITORA FTD S.A.
Matriz: Rua Rui Barbosa, 156 – Bela Vista – São Paulo – SP
CEP 01326-010 Tel. (0-XX-11) 3598-6000
Caixa Postal 65149 – CEP da Caixa Postal 01390-970
Internet: www.ftd.com.br
E-mail: projetos@ftd.com.br

Diretora editorial	Silmara Sapiense Vespasiano
Editora	Ceciliany Alves
Editora adjunta	Maria Viana
Editor assistente	Luiz Gonzaga de Almeida
Assistentes de produção	Ana Paula Iazzetto
	Lilia Pires
Assistentes editoriais	Ândria Cristina de Oliveira
	Tássia Regiane Silvestre de Oliveira
Revisora	Regina C. Barrozo
Coordenador de produção editorial	Caio Leandro Rios
Editora de arte	Andréia Crema
Projeto gráfico e capa	Adelaide Carolina Cerutti
Diagramação	Camaloth – Edição & Arte
Supervisora de iconografia	Célia Rosa
Pesquisa iconográfica	Etoile Shaw
	Odete Ernestina Pereira
	Graciela Naliati (capa)
Imagem da capa	Katrina Brown/Shutterstock/Glow Images
Gerente executivo do parque gráfico	Reginaldo Soares Damasceno

As notas de rodapé foram elaboradas por Emerson Tin
O texto desta edição está de acordo com a 3.ª edição
da Editora Record, Rio de Janeiro, 1992.

Dados Internacionais de Catalogação na Publicação (CIP)
(Câmara Brasileira do Livro, SP, Brasil)

Matos, Gregório de, 1636?-1695.
  Poesias selecionadas ; Gregório de Matos. – São Paulo : FTD, 2013.
  "Edição renovada".
  "Texto integral".
  ISBN 978-85-322-8390-0

  1. Poesia brasileira I. Título.

13-00584   CDD-869.91

Índices para catálogo sistemático:
1. Poesia : Literatura brasileira   869.91

A - 641.942/20

Sumário

- Uma atitude desafiadora diante do mundo 6

Meu Deus, que estais pendente em um madeiro 9
Pequei, Senhor, mas não porque hei pecado 10
Tremendo chego, meu Deus 11
Estou, Senhor, da vossa mão tocado 13
Isto, que ouço chamar por todo o mundo 14
Ofendi-vos, meu Deus, bem é verdade 15
Na oração, que desaterra .... aterra 16
Que és terra Homem, e em terra hás de tornar-te 17
Via de perfeição é a sacra via 18
O todo sem a parte não é todo 19
Como na cova tenebrosa, e escura 20
O alegre do dia entristecido 21
Já requintada a fineza 22
À mesa do Sacramento 24
Ai de mim! Se neste intento 26
Ó magno serafim, que a Deus voaste 29
Meu amado Redentor 30
Entrou um bêbado um dia 33
Quem da religiosa vida 34
Goze a Corte o ambicioso 37
Não vi em minha vida a formosura 38
Porque não conhecia, o que lograva 39
À margem de uma fonte, que corria 40
Discreta, e formosíssima Maria 42
Aquele não sei quê, que Inês te assiste 43
Cada dia vos cresce a formosura 44
Ardor em coração firme nascido! 45
Corrente, que do peito desatada 46
Ontem quando te vi, meu doce emprego 47
Numa manhã tão serena 48
Debuxo singular, bela pintura 50
Vejo-me entre as incertezas 51
É questão mui antiga, e altercada 52
Dou(to,) pruden(te,) nobre, huma(no,) afá(vel) 53
Um prazer, e um pesar quase irmanados 55
Querido Filho meu, ditoso espírito 56
Sôbolos rios, sôbolas torrentes 57
Nasce o Sol, e não dura mais que um dia 58
Quem perde o bem, que teve possuído 59
O bem, que não chegou a ser possuído 60

Ditoso tu, que na palhoça agreste	61
Ditoso aquele, e bem-aventurado	62
Carregado de mim ando no mundo	63
Seis horas enche e outras tantas vaza	64
Ditoso Fábio, tu, que retirado	65
Numa ilustre academia	66
Um soneto começo em vosso gabo	68
Ai, Custódia! sonhei, não sei se o diga	69
Deixei a Dama, a outrem, mas que fiz	70
É uma das mais célebres histó-	71
Padre Tomás, se Vossa Reverência	72
Senhora minha: se de tais clausuras	73
Ontem a amar-vos me dispus, e logo	74
Há cousa como estar em São Francisco	75
Senhora Florenciana, isto me embaça	76
Ilustríssima Abadessa	77
Fui à missa a São Gonçalo	79
Dizei, queridos amores	81
Para escrever intentou	82
Serviu Luís a Isabel	85
Este cabelo, que aora	87
Meninas, pois é verdade	88
Essas flores, que uma figa	89
Os versos, que me pedis	90
A bela composição	93
Bela Floralva, se Amor	94
Sabei, Custódia, que Amor	95
Podeis desafiar com bizarria	98
Retratar ao bizarro	102
A cada canto um grande conselheiro	105
Quem cá quiser viver, seja um Gatão	106
Uma cidade tão nobre	107
Recopilou-se o direito	112
Já que me põem a tormento	114
Que falta nesta cidade? .... Verdade	134
Oh não te espantes não, Dom Antonio	137
Tempo, que tudo trasfegas	143
Daqui desta Praia grande	146
A nossa Sé da Bahia	151
Inda está por decidir	152
Triste Bahia! Oh quão dessemelhante	153
Senhora Dona Bahia	155

Toda a cidade derrota *162*
Que néscio, que era eu então *165*
Eu sou aquele, que os passados anos *170*
Neste mundo é mais rico, o que mais rapa *173*
Um Branco muito encolhido *174*
Bote a sua casaca de veludo *178*
Faça mesuras de A com pé direito *180*
Há cousa como ver um paiaiá *181*
Um calção de pindoba a meia zorra *183*
Se Pica-flor me chamais *184*
Sete anos a Nobreza da Bahia *185*
Mui alta, e mui poderosa *186*
Estamos em noventa era esperada *188*
Que esteja dando o Francês *189*
Adeus praia, adeus Cidade *195*
Marinículas todos os dias *199*

- Bate-papo pós-leitura 209
- Gregório de Matos – Colérico, vulcânico, explosivo 214

Uma atitude desafiadora diante do mundo
Emerson Tin

Por que ler a poesia de Gregório de Matos (1636-1695) nos dias de hoje? Talvez porque a imagem que dele se construiu possa se assemelhar muito à da rebeldia e do idealismo que caracterizam a juventude, aproximando-o do jovem leitor. Afinal, "era o doutor Gregório de Matos acérrimo inimigo de toda a hipocrisia", como define o licenciado Manuel Pereira Rabelo, em sua *Vida do excelente poeta lírico, o Doutor Gregório de Matos Guerra*, a personalidade instigante do poeta seiscentista baiano que ficou célebre sob o apelido de Boca do Inferno.

O Boca do Inferno... Não foi à toa que assim ficou conhecido... Não só manteve um diálogo bastante rico com a produção letrada que o inspirava – os poetas latinos, como Virgílio e Horácio; os espanhóis, como Góngora e Quevedo; e os portugueses, como Camões e Rodrigues Lobo –, como também acabou por utilizar seus versos para apontar, com seu gênio satírico, os vícios da Colônia.

Gregório de Matos viveu na então capital da Colônia, a cidade do São Salvador da Bahia de Todos os Santos, no século XVII, em um período de consolidação do poder português nas terras ainda recém-descobertas. As riquezas do Brasil começavam a ser exploradas e, ao lado delas, crescia a burocracia estatal e a corrupção. Ao mesmo tempo, o mundo de Gregório de Matos era cheio de dúvidas, de grandes transformações, de abalos no que havia de mais sólido. Basta lembrar que, não muitos anos antes, a Igreja quase levara à fogueira Galileu por afirmar que a Terra se movia em torno do Sol... A que se apegar, então? À religião? Talvez. Daí a outra face do poeta, a religiosa, oscilante entre a mais humilde contrição e o mais cético questionamento.

Um mundo de incertezas... e uma atitude desafiadora perante ele. Essa poderia ser uma boa definição para a poesia que será lida aqui. É claro que Gregório de Matos escrevia no português do seu tempo, com as referências do seu tempo, para os leitores do seu tempo. Daí as notas que acompanham esta edição, cujo objetivo é indicar o caminho para uma leitura que tanto possa manter a força dos versos do poeta, quanto permitir uma leitura o mais prazerosa possível. Que seus versos falem por si.

EMERSON TIN é mestre e doutor em Teoria e História Literária pela Unicamp, professor das Faculdades de Campinas (Facamp) e da pós-graduação em Literatura do Centro Universitário Padre Anchieta (UniAnchieta).

Justificativa da seleção

Gregório de Matos Guerra, ao abrir a boca, choviam-lhe versos aos borbotões. Igual a um personagem do não menos barroco Antônio José da Silva, o Judeu. Assim sendo, Gregório espalhou poemas por onde passou, sem, contudo, publicar um único livro. Seus versos correram manuscritos, dispersos e estropiados em cópias de admiradores, chegando até nós sem a garantia de indiscutível autenticidade.

Resultado? Conhece-se a produção poética de Gregório pelo traslado dos manuscritos espalhados em vários, e divergentes, códices. A Academia Brasileira de Letras, graças aos esforços de Afrânio Peixoto, reuniu os poemas de Gregório em seis volumes (1923-1933; republicados em 1943 por outra editora), sob o título de *Obras completas*. Em 1969, acrescentando novos poemas, James Amado coligiu a produção de Gregório de Matos em sete volumes, transformados em dois numa terceira edição datada de 1992: *Obras poéticas*.

À falta de uma edição crítica que estabeleça a autenticidade dos textos, a antologia que se apresenta tomou por base esta terceira edição de James Amado. Razão da escolha: sobre os seis volumes da ABL, também compulsados, o empreendimento de James Amado trazia a vantagem de ter-se louvado em maior número de códices, preocupando-se com o registro de variantes. De cunho meramente didático, esta antologia não tem outro objetivo que o tornar o universo poético do Boca do Inferno acessível ao público estudantil.

Francisco Maciel Silveira,
poeta, crítico e ensaísta.

A CRISTO S. N. CRUCIFICADO ESTANDO O POETA NA ÚLTIMA HORA DE SUA VIDA.

Meu Deus, que estais pendente em um madeiro,
Em cuja lei protesto de viver,
Em cuja santa lei hei de morrer
Animoso, constante, firme, e inteiro.

Neste lance, por ser o derradeiro,
Pois vejo a minha vida anoitecer,
É, meu Jesus, a hora de se ver
A brandura de um Pai manso Cordeiro.

Mui grande é vosso amor, e meu delito,
Porém pode ter fim todo o pecar,
E não o vosso amor, que é infinito.

Esta razão me obriga a confiar,
Que por mais que pequei, neste conflito
Espero em vosso amor de me salvar.

AO MESMO ASSUNTO E NA MESMA OCASIÃO.

Pequei, Senhor, mas não porque hei pecado,
Da vossa piedade me despido,
Porque quanto mais tenho delinquido
Vos tenho a perdoar mais empenhado.

Se basta a vos irar tanto um pecado,
A abrandar-vos sobeja um só gemido,
Que a mesma culpa, que vos há ofendido,
Vos tem para o perdão lisonjeado.

Se uma ovelha perdida, e já cobrada
Glória tal, e prazer tão repentino
vos deu, como afirmais na sacra história[1]:

Eu sou, Senhor, a ovelha desgarrada
Cobrai-a, e não queirais, Pastor divino,
Perder na vossa ovelha a vossa glória.

---

1 SE UMA OVELHA PERDIDA ... AFIRMAIS NA SACRA HISTÓRIA referência ao seguinte trecho do Evangelho de Mateus 18, 12: "Que vos parece? Se um homem possui cem ovelhas e uma delas se extravia, não deixa ele as noventa e nove nos montes para ir à procura da extraviada?".

AO SANTÍSSIMO SACRAMENTO ESTANDO PARA COMUNGAR.

Tremendo chego, meu Deus
ante vossa divindade,
que a fé é muito animosa,
mas a culpa mui cobarde.
À vossa mesa divina
como poderei chegar-me,
se é triaga da virtude,
e veneno da maldade?
Como comerei de um pão,
que me dais, porque me salve?
um pão, que a todos dá vida,
e a mim temo, que me mate.
Como não hei de ter medo
de um pão, que é tão formidável
vendo, que estais todo em tudo,
e estais todo em qualquer parte?
Quanto a que o sangue vos beba,
isso não, e perdoai-me:
como quem tanto vos ama,
há de beber-vos o sangue?
Beber o sangue do amigo
é sinal de inimizade;
pois como quereis, que o beba,

para confirmarmos pazes?
Senhor, eu não vos entendo;
vossos preceitos são graves,
vossos juízos são fundos,
vossa ideia inescrutável.
Eu confuso neste caso
entre tais perplexidades
de salvar-me, ou de perder-me,
só sei, que importa salvar-me.
Oh se me déreis tal graça,
que tenho culpas a mares,
me virá salvar na tábua
de auxílios tão eficazes!
E pois já à mesa cheguei,
onde é força alimentar-me
deste manjar, de que os Anjos
fazem seus próprios manjares:
Os Anjos, meu Deus, vos louvem,
que os vossos arcanos sabem,
e os Santos todos da glória,
que, o que vos devem, vos paguem.
Louve-vos minha rudeza,
por mais que sois inefável,
porque se os brutos vos louvam,
será a rudeza bastante.
Todos os brutos vos louvam,
troncos, penhas, montes, vales,
e pois vos louva o sensível,
louve-vos o vegetável.

AO MESMO ASSUNTO E NA MESMA OCASIÃO.

(Estando o poeta refugiado de sua mesma pobreza na Ilha de Madre de Deus[2], teve notícia da morte de um seu filho, e que fora enterrado miseravelmente, e provocado da sua pena.)

Estou, Senhor, da vossa mão tocado,
E este toque em flagelo desmentido
Era à vossa justiça tão devido,
Quão merecido foi do meu pecado.

Menos sentido estou, do que admirado,
Mais admirado o digo, que sentido,
Pois vós contra um nonada enfurecido
Tendes tão forte braço levantado.

Quando o Hebreu clemência vos pedia[3],
De metal vos mostrava uma serpente,
Demonstração de que outra o afligia:

---

2   ILHA DE MADRE DE DEUS localizada no município de Madre de Deus, na Bahia, a 63 km de Salvador.
3   QUANDO O HEBREU CLEMÊNCIA VOS PEDIA referência ao seguinte trecho da Bíblia (Números 21, 4-9): "Então, partiram da montanha de Hor pelo caminho do mar de Vermelho, para contornarem a terra de Edom. No caminho o povo perdeu a paciência. Falou contra Deus e contra Moisés: 'Por que nos fizestes subir do Egito para morrer neste deserto? Pois não há nem pão, nem água; estamos enfastiados deste alimento de penúria.' Então o Senhor enviou contra o povo serpentes abrasadoras, cuja mordedura fez perecer muita gente em Israel. Veio o povo dizer a Moisés: 'Pecamos ao falarmos contra o Senhor e contra ti. Intercede junto de Iahweh para que afaste de nós estas serpentes.' Moisés intercedeu pelo povo e o Senhor respondeu-lhe: 'Faze uma serpente abrasadora e coloca-a em uma haste. Todo aquele que foi mordido e a contemplar viverá.' Moisés, portanto, fez uma serpente de bronze e a colocou em uma haste; se alguém era mordido por uma serpente, contemplava a serpente de bronze e vivia.".

Eu pois, que vos quisera ver clemente,
Não vos mostro em metal minha agonia,
Mostro a minha pobreza realmente.

AFIRMA QUE A FORTUNA, E O FADO NÃO É OUTRA COUSA MAIS QUE A PROVIDÊNCIA DIVINA.

Isto, que ouço chamar por todo o mundo
Fortuna, de uns cruel, d'outros impia,
É no rigor da boa teologia
Providência de Deus alto, e profundo.

Vai-se com temporal a Nau ao fundo
Carregada de rica mercancia,
Queixa-se da Fortuna, que a envia,
E eu sei, que a submergiu Deus iracundo.

Mas se faz tudo a alta Providência
De Deus, como reparte justamente
À culpa bens, e males à inocência?

Não sou tão perspicaz, nem tão ciente,
Que explique arcanos d'alta Inteligência,
Só vos lembro, que é Deus o providente.

A N. SENHOR JESUS CRISTO COM ATOS DE ARREPENDIDO E SUSPIROS DE AMOR.

Ofendi-vos, meu Deus, bem é verdade,
É verdade, meu Deus, que hei delinquido,
Delinquido vos tenho, e ofendido,
Ofendido vos tem minha maldade.

Maldade, que encaminha à vaidade,
Vaidade, que todo me há vencido;
Vencido quero ver-me, e arrependido,
Arrependido a tanta enormidade.

Arrependido estou de coração,
De coração vos busco, dai-me os braços,
Abraços, que me rendem vossa luz.

Luz, que claro me mostra a salvação,
A salvação pretendo em tais abraços,
Misericórdia, Amor, Jesus, Jesus.

NO SERMÃO QUE PREGOU NA MADRE DE DEUS D. JOÃO FRANCO DE OLIVEIRA[4] PONDERA O POETA A FRAGILIDADE HUMANA.

Na oração, que desaterra ....aterra
Quer Deus, que, a quem está o cuidado ...dado
Pregue, que a vida é emprestado ....estado
Mistérios mil, que desenterra ....enterra.

Quem não cuida de si, que é terra ....erra
Que o alto Rei por afamado ....amado,
E quem lhe assiste ao desvelado ....lado
Da morte ao ar não desaferra ....aferra.

Quem do mundo a mortal loucura ....cura,
A vontade de Deus sagrada ....agrada,
Firmar-lhe a vida em atadura ....dura.

Ó voz zelosa, que dobrada ....brada,
Já sei, que a flor da formosura ....usura.
Será no fim desta jornada ....nada.[5]

---

4   D. JOÃO FRANCO DE OLIVEYRA João Franco de Oliveira (1642-1715), português, foi Arcebispo da Arquidiocese de Salvador entre 1691 e 1700 e arcebispo de Miranda, Portugal.

5   ESTE SONETO é composto de versos com consoantes reflexos, ou seja, as vozes cujas últimas sílabas têm sentido e significam coisa diferente da voz inteira, de onde saíram; nos sonetos servem como ecos.

CONTINUA O POETA COM ESTE ADMIRÁVEL A QUARTA-FEIRA DE CINZAS.

Que és terra Homem, e em terra hás de tornar-te,
Te lembra hoje Deus por sua Igreja,
De pó te faz espelho, em que se veja
A vil matéria, de que quis formar-te.

Lembra-te Deus, que és pó para humilhar-te,
E como o teu baixel sempre fraqueja
Nos mares da vaidade, onde peleja
Te põe à vista a terra, onde salvar-te.

Alerta, alerta pois, que o vento berra,
E se assopra a vaidade, e incha o pano,
Na proa a terra tens, amaina, e ferra.

Todo o lenho mortal, baixel humano
Se busca a salvação, tome hoje terra,
Que a terra de hoje é porto soberano.

AOS MISSIONÁRIOS, A QUEM O ARCEBISPO D. FR. JOÃO DA MADRE DE DEUS[6] RECOMENDAVA MUITO AS VIAS SACRAS, QUE ENCHENDO A CIDADE DE CRUZES CHAMAVAM DO PÚLPITO AS PESSOAS POR SEUS NOMES, REPREENDENDO A QUEM FALTAVA.

Via de perfeição é a sacra via,
Via do céu, caminho da verdade:
Mas ir ao Céu com tal publicidade,
Mais que à virtude, o boto à hipocrisia.

O ódio é d'alma infame companhia,
A paz deixou-a Deus à cristandade:
Mas arrastar por força, uma vontade,
Em vez de perfeição é tirania.

O dar pregões do púlpito é indecência,
Que de Fulano? venha aqui sicrano:
Porque o pecado, o pecador se veja:

E próprio de um Porteiro d'audiência,
E se nisto maldigo, ou mal me engano,
Eu me submeto à Santa Madre Igreja.

---

6   D. FR. JOÃO DA MADRE DE DEUS ARAÚJO (1621-1686) arcebispo de Salvador de 1683 até a sua morte. Foi o primeiro arcebispo de Salvador a governar a arquidiocese diretamente da Sé.

AO BRAÇO DO MESMO MENINO JESUS QUANDO APARECEU.

    todo sem a parte não é todo,
A parte sem o todo não é parte,
Mas se a parte o faz todo, sendo parte,
Não se diga, que é parte, sendo todo.

Em todo o Sacramento está Deus todo,
E todo assiste inteiro em qualquer parte,
E feito em partes todo em toda a parte,
Em qualquer parte sempre fica o todo.

O braço de Jesus não seja parte,
Pois que feito Jesus em partes todo,
Assiste cada parte em sua parte.

Não se sabendo parte deste todo,
Um braço, que lhe acharam, sendo parte,
Nos disse as partes todas deste todo.

A CONCEIÇÃO IMACULADA DE MARIA SANTÍSSIMA.

Como na cova tenebrosa, e escura,
A quem abriu o Original pecado,
Se o próprio Deus a mão vos tinha dado;
Podíeis vós cair, ó virgem pura?

Nem Deus, que o bem das almas só procura,
De todo vendo o mundo arruinado,
Permitira a desgraça haver entrado,
Donde havia sair nova ventura.

Nasce a rosa de espinhos coroada
Mas se é pelos espinhos assistida,
Não é pelos espinhos magoada.

Bela Rosa, ó virgem esclarecida!
Se entre a culpa se vê, fostes criada,
Pela culpa não fostes ofendida.

AO DIA DO JUÍZO.

O alegre do dia entristecido,
O silêncio da noite perturbado
O resplandor do sol todo eclipsado,
E o luzente da lua desmentido!

Rompa todo o criado em um gemido,
Que é de ti mundo? onde tens parado?
Se tudo neste instante está acabado,
tanto importa o não ser, como haver sido.

Soa a trombeta da maior altura,
A que a vivos, e mortos traz o aviso
Da desventura de uns, d'outros ventura.

Acabe o mundo, porque é já preciso,
Erga-se o morto, deixe a sepultura,
Porque é chegado o dia do juízo.

MOTE[7] 13

Ó divina Onipotência!
Ó divina Majestade!
que sendo Deus na verdade
sois também Pão na aparência.

1   Já requintada a fineza
    nesse Pão sacramentado
    temos, Senhor, ponderado
    vossa inaudita grandeza:
    mas o que apura a pureza
    da vossa magnificência
    é, quererdes, que uma ausência
    não padeça, quem deixais,
    pois que partindo ficais,
    Ó divina Onipotência.

2   Permiti por vossa cruz,
    por vossa morte, e paixão,
    que entrem no meu coração
    os raios da vossa luz:
    clementíssimo Jesus

---

[7] MOTE estrofe apresentada no início de um poema que serve como tema a ser desenvolvido. No caso, cada um dos versos é glosado, ou seja, desenvolvido pelo poeta no final de cada uma das estrofes seguintes.

sol de imensa claridade,
sem vós a mesma verdade,
com que vos amo, periga;
guiai-me, porque vos siga,
Ó divina Majestade.

3   Na verdade esclarecida
do vosso trono celeste
toda a potência terrestre
de comprender-vos duvida:
porém na forma rendida
de um cordeiro a Majestade
aos olhos da humanidade
melhor a potência informa,
sendo cordeiro na forma,
Que sendo Deus na verdade.

4   Cá neste trono de neve,
onde humanado vos vejo,
melhor aspira o desejo,
melhor a vista se atreve:
aqui sabe, o que vos deve
(vencendo a maior ciência)
amor, cuja alta potência
adverte nesse distrito,
que sendo Deus infinito,
Sois também Pão na aparência.

MOTE 14

Ó Soberana Comida!
Ó maravilha excelente!
pois em vós é acidente,
o que em mim eterna vida.

1. A mesa do Sacramento
    cheguei, e vendo a grandeza
    admirei tanta beleza,
    dei graças de tal portento:
    com santo conhecimento
    só então folguei ter vida,
    pois vendo-a convosco unida
    na flama de tanta calma,
    disse (recebendo-a n'alma)
    Ó Soberana Comida!

2. Naquela mesa admirando
    anda a graça tanto a rodo,
    que dando-se a todos, todo
    vos estais comunicando:
    e de tal modo exaltando
    vosso ser onipotente,
    que quando estais tão patente
    nessa nevada pastilha,

vos louvam por maravilha,
Ó maravilha excelente!

3   Como num excelso trono
realmente verdadeiro,
na Hóstia estais todo inteiro,
Senhor, por maior abono:
se por ser das almas dono
vos empenhais tão patente,
hei de apelidar contente
com a voz ao céu subida,
que esse Pão me seja vida,
Pois em vós é acidente.

4   Neste excesso do poder
só podia o majestoso
obrar ali de amoroso,
o que chegou a emprender:
eu, que venho a merecer
lograr a Deus por comida,
tenho por cousa sabida
neste excesso do Senhor
serem delíquios do amor,
O que em mim eterna vida.

CONSIDERA O POETA ANTES DE CONFESSAR-SE NA ESTREITA CONTA, E VIDA RELAXADA.

1   Ai de mim! Se neste intento,
     e costume de pecar
     a morte me embaraçar
     o salvar-me, como intento?
     que mau caminho frequento
     para tão estreita conta;
     oh que pena, e oh que afronta
     será, quando ouvir dizer:
     vai, maldito, a padecer,
     onde Lúcifer te aponta.

2   Valha-me Deus, que será
     desta minha triste vida,
     que assim mal logro perdida,
     onde, Senhor, parará?
     que conta se me fará
     lá no fim, onde se apura
     o mal, que sempre em mim dura,
     o bem, que nunca abracei,
     os gozos, que desprezei,
     por uma eterna amargura.

3   Que desculpa posso dar,
    quando ao tremendo juízo
    for levado de improviso,
    e o demônio me acusar?
    Como me hei de desculpar
    sem remédio, e sem ventura,
    se for para aonde dura
    o tormento eternamente,
    ao que morre impenitente
    sem confissão, nem fé pura.

4   Nome tenho de cristão,
    e vivo brutualmente,
    comunico a tanta gente
    sem ter, quem me dê a mão:
    Deus me chama co perdão
    por auxílios, e conselhos,
    eu ponho-me de joelhos
    e mostro-me arrependido;
    mas como tudo é fingido,
    não me valem aparelhos.

5   Sempre que vou confessar-me,
    digo, que deixo o pecado;
    porém torno ao mau estado,
    em que é certo o condenar-me:
    mas lá está quem há de dar-me
    o pago do proceder:
    pagarei num vivo arder
    de tormentos repetidos
    sacrilégios cometidos
    contra quem me deu o ser.

6 Mas se tenho tempo agora,
e Deus me quer perdoar,
que lhe hei de mais esperar,
para quando? ou em qual hora?
que será, quando traidora
a morte me acometer,
e então lugar não tiver
de deixar a ocasião,
na extrema condenação
me hei de vir a subverter.

A S. FRANCISCO TOMANDO O POETA O HÁBITO DE TERCEIRO[8].

Ó magno serafim, que a Deus voaste
Com asas de humildade, e paciência,
E absorto já nessa divina essência
Logras o eterno bem, a que aspiraste:

Pois o caminho aberto nos deixaste,
Para alcançar de Deus também clemência
Na ordem singular de penitência
Destes Filhos Terceiros, que criaste.

A Filhos, como Pai, olha queridos,
E intercede por nós, Francisco Santo,
Para que te sigamos, e imitemos.

E assim desse teu hábito vestidos
Na terra blasonemos de bem tanto,
E depois para o Céu juntos voemos.

---

8 HÁBITO DE TERCEIRO hábito de membro da Ordem Terceira de São Francisco de Assis, associação de devotos católicos que procuravam observar os Evangelhos seguindo os passos de São Francisco de Assis.

ATO DE CONTRIÇÃO QUE FEZ DEPOIS DE SE CONFESSAR.

1   Meu amado Redentor,
    Jesu Cristo soberano
    Divino Homem, Deus Humano,
    da terra, e céus criador:
    por seres, quem sois, Senhor,
    e porque muito vos quero,
    me pesa com rigor fero
    de vos haver ofendido,
    do que agora arrependido,
    meu Deus, o perdão espero.

2   Bem sei, meu Pai soberano,
    que na obstinação sobejo
    corri sem temor, nem pejo
    pelos caminhos do engano:
    bem sei também, que o meu dano
    muito vos tem agravado,
    porém venho confiado
    em vossa graça, e amor,
    que também sei, é maior,
    Senhor, do que meu pecado.

3   Bem não vos amo, confesso,
      várias juras cometi,
      missa inteira nunca ouvi,
      a meus Pais não obedeço:
      matar alguns apeteço,
      luxurioso pequei,
      bens de próximo furtei,
      falsos levantei às claras,
      desejei mulheres raras,
      cousas de outrem cobicei[9].

4   Para lavar culpas tantas,
      e ofensas, Senhor, tão feias
      são fontes de graças cheias
      essas chagas sacrossantas:
      sobre mim venham as santas
      correntes do vosso lado;
      para que fique lavado,
      e limpo nessas correntes,
      comunica-me as enchentes
      da graça, meu Deus amado.

5   Assim, meu Pai, há de ser,
      e proponho, meu Senhor,
      com vossa graça, e amor
      nunca mais vos ofender:
      prometo permanecer
      em vosso amor firmemente,
      para que mais nunca intente
      ofensas contra meu Deus,

---

9   BEM NÃO VOS AMO ... DE OUTREM COBICEI nessa estrofe, o poeta, claramente, dialoga com os dez mandamentos da lei de Deus, respondendo a cada um deles.

a quem os sentidos meus
ofereço humildemente.

6   Humilhado desta sorte,
    meu Deus do meu coração,
    vos peço ansioso o perdão
    por vossa paixão, e morte:
    à minha alma em ânsia forte
    perdão vossas chagas deem.
    e com o perdão também
    espero o prêmio dos Céus,
    não pelos méritos meus,
    mas do vosso sangue: amém.

AO MESMO [SANTO ANTÔNIO] QUE LHE DERAM
A GLOSAR.

MOTE

Bêbado está Santo Antônio

Entrou um bêbado um dia
pelo templo sacrossanto
do nosso Português santo,
e para o Santo investia:
a gente, que ali assistia,
cuidando, tinha o demônio,
lhe acudiu a tempo idôneo,
gritando-lhe todos, tá,
tem mão, olha, que acolá,
Bêbado, está Santo Antônio.

PONDERA ESTANDO HOMIZIADO NO CARMO QUÃO GLORIOSA É A PAZ DA RELIGIÃO.

1. Quem da religiosa vida
   não se namora, e agrada,
   já tem a alma danada,
   e a graça de Deus perdida:
   uma vida tão medida
   pela vontade dos Céus,
   que humildes ganham troféus,
   e tal glória se desfruta,
   que na mesa a Deus se escuta,
   no Coro se louva a Deus.

2. Esta vida religiosa
   tão sossegada, e segura
   a toda a boa alma apura,
   afugenta a alma viciosa:
   há cousa mais deliciosa,
   que achar o jantar, e almoço
   sem cuidado, e sem sobrosso
   tendo no bom, e mau ano
   sempre o pão quotidiano,
   e escusar o Padre nosso!

3   Há cousa como escutar
o silêncio, que a garrida[10]
toca depois da comida
para cozer o jantar!
há cousa como calar,
e estar só na minha cela
considerando a panela,
que cheirava, e recendia
no gosto de malvasia
na grandeza da tigela!

4   Há cousa como estar vendo
uma só Mãe religião
sustentar a tanto Irmão
mais, ou menos Reverendo!
há maior gosto, ao que entendo,
que agradar ao meu Prelado,
para ser dele estimado,
se ao obedecer-lhe me animo,
e depois de tanto mimo
ganhar o Céu de contado!

5   Dirão réprobos, e réus,
que a sujeição é fastio;
pois para que é o alvedrio,
senão para o dar a Deus:
quem mais o sujeita aos céus,
esse mais livre se vê,
que Deus (como ensina a fé)
nos deixou livre a vontade,

---

10 GARRIDA pequeno sino que, nos conventos, anuncia o início de um ofício religioso.

    e o mais é mor falsidade,
    que os montes de Gelboé[11].

6   Oh quem, meu Jesus amante,
    do Frade mais descontente
    me fizera tão parente,
    que fora eu seu semelhante!
    Quem me vira neste instante
    tão solteiro, qual eu era,
    que na Ordem mais austera
    comera o vosso maná!
    Mas nunca direi, que lá
    virá a fresca Primavera.

---

11 GELBOÉ referência ao seguinte trecho da Bíblia (2 Samuel 1, 21-22): "Montanhas de Gilboa, nem orvalho nem chuva se derramem sobre vós, campos férteis, pois foi maculado o escudo dos heróis! O escudo de Saul não foi ungido com óleo, mas com o sangue dos feridos, com a gordura dos guerreiros; o arco de Jônatas jamais hesitou, nem a espada de Saul voltou inútil".

A CERTO SUJEITO DE SUPOSIÇÃO, QUE TENDO-SE RETIRADO DA CORTE E VIVIA NA SOLEDADE DE UMA QUINTA MANDOU AO POETA A SEGUINTE DÉCIMA.

Goze a Corte o ambicioso
de aplausos, e vaidades,
que eu cá nestas soledades
o melhor descanso gozo:
aqui vivo cuidadoso
de descuidos, e este estado
julgo bem-aventurado,
que o melhor estado, cuido,
é aquele, em que o descuido
vem a ser todo o cuidado.

PONDERA AGORA COM MAIS ATENÇÃO A FORMOSURA DE D. ÂNGELA[12].

Não vi em minha vida a formosura,
Ouvia falar nela cada dia,
E ouvida me incitava, e me movia
A querer ver tão bela arquitetura.

Ontem a vi por minha desventura
Na cara, no bom ar, na galhardia
De uma Mulher, que em Anjo se mentia,
De um Sol, que se trajava em criatura.

Me matem (disse então vendo abrasar-me)
Se esta a cousa não é, que encarecer-me.
Sabia o mundo, e tanto exagerar-me.

Olhos meus (disse então por defender-me)
Se a beleza hei de ver para matar-me,
Antes, olhos, cegueis, do que eu perder-me.

---

12 D. ÂNGELA (Ângela de Sousa Paredes) segundo Maria de Lourdes Teixeira, tratava-se de "[...] moça de família importante, [...] uma das três filhas de Vasco de Sousa de Paredes e sua esposa Dona Vitória. Ângela era irmã do capitão Francisco Moniz de Sousa, a quem o poeta dedica [...] soneto, naturalmente com o objetivo muito humano de ganhar as boas graças do irmão da amada". (TEIXEIRA, M. de L. *Gregório de Matos: biografia e estudo*. São Paulo: Martins, 1972. p. 104).

CHORA UM BEM PERDIDO, PORQUE O DESCONHECEU NA POSSE.

Porque não conhecia, o que lograva,
Deixe como ignorante o bem, que tinha,
Vim sem considerar, aonde vinha,
Deixei sem atender, o que deixava.

Suspiro agora em vão, o que gozava,
Quando não me aproveita a pena minha,
Que quem errou, sem ver, o que convinha,
Ou entendia pouco, ou pouco amava.

Padeça agora e morra suspirando
O mal, que passo, o bem, que possuía,
Pague no mal presente o bem passado.

Que quem podia, e não quis, viver gozando,
Confesse, que esta pena merecia,
E morra, quando menos confessado.

CASADO JÁ O POETA, ENTRA AGORA POR RAZÃO DE HONESTIDADE A MUDAR-LHE O NOME NAS OBRAS SEGUINTES. LISONGEIA-LHE O REPOUSO EM UM DOS PRIMEIROS DIAS DO NOIVADO NO SÍTIO DE MARAPÉ[13].

A margem de uma fonte, que corria
Lira doce dos pássaros cantores
A bela ocasião das minhas dores
Dormindo estava ao despertar do dia.

Mas como dorme Sílvia, não vestia
O Céu seus horizontes de mil cores;
Dominava o silêncio sobre as flores,
Calava o mar, e rio não se ouvia.

---

13 MARAPÉ é registrada por Gabriel Soares de Souza em *Tratado descritivo do Brasil em 1587*: "Partindo com a terra da Tamarai começa a do engenho do conde de Linhares, a qual está muito metida para dentro fazendo uma maneira de enseada, a que chamam Marapé, a qual vai correndo até à boca do rio de Seregipe, e terá a grandura de duas léguas, que estão povoadas de mui grossas fazendas. [...]" (Disponível em: <www.brasiliana.usp.br/bbd/handle/1918/01720400#page/139/mode/1up>. Acesso em: 6 abr. 2012).

Não dão o parabém à bela Aurora
Flores canoras, pássaros fragrantes,
Nem seu âmbar respira a rica Flora[14].

Porém abrindo Sílvia os dois diamantes,
Tudo à Sílvia festeja, e tudo a adora
Aves cheirosas, flores ressonantes[15].

---

14 FLORA na mitologia romana, deusa das flores e da fertilidade.
15 PORÉM ABRINDO SÍLVIA ... FLORES RESSONANTES sobre esse trecho, João Adolfo Hansen citou: "Assim termina um soneto atribuído a Gregório de Matos, em que as hipálages – 'Flores canoras, pássaros fragrantes' / 'Aves cheirosas, flores ressonantes' – são programaticamente aplicadas em função da 'obscuridade' do *ut pictura poesis*, efetuando um análogo discursivo do tenebrismo e claro-escuro da pintura." (HANSEN, J. A. *A sátira e o engenho: Gregório de Matos e a Bahia do século XVII*. São Paulo: Ateliê Editorial, 2004. p. 322).

TERCEIRA VEZ IMPACIENTE MUDA O POETA O SEU SONETO NA FORMA SEGUINTE.

Discreta, e formosíssima Maria,
Enquanto estamos vendo claramente
Na vossa ardente vista o sol ardente,
E na rosada face a Aurora fria:

Enquanto pois produz, enquanto cria
Essa esfera gentil, mina excelente
No cabelo o metal mais reluzente
E na boca a mais fina pedraria:

Gozai, gozai da flor da formosura,
Antes que o frio da madura idade
Tronco deixe despido, o que é verdura.

Que passado o Zenith[16] da mocidade,
Sem a noite encontrar a sepultura,
É cada dia ocaso da beldade.

---

16 ZENITH zênite, auge, ponto mais elevado.

ADMIRÁVEL EXPRESSÃO DE AMOR MANDANDO-SE--LHE PERGUNTAR, COMO PASSAVA.

Aquele não sei quê, que Inês te assiste
No gentil corpo, na graciosa face,
Não sei donde te nasce, ou não te nasce,
Não sei, onde consiste, ou não consiste.

Não sei quando, ou como arder me viste,
Porque Fênix[17] de amor me eternizasse,
Não sei, como renasce, ou não renasce,
Não sei como persiste, ou não persiste.

Não sei como me vai, ou como ando,
Não sei, o que me dói, ou porque parte
Não sei, se vou vivendo, ou acabando.

Como logo meu mal hei de contar-te,
Se de quanto a minha alma está penando,
Eu mesmo, que o padeço, não sei parte.

---
17 FÊNIX ave mitológica que, ao morrer, ardia em chamas e renascia das próprias cinzas.

PONDERA QUE OS DESDÉNS SEGUEM SEMPRE COMO SOMBRAS O SOL DA FORMOSURA.

Cada dia vos cresce a formosura,
Babu, e tanto cresce, que me embaça,
Se cresce contra mim, alta desgraça,
Se cresce para mim, alta ventura.

Se cresce por chegar-me à mor loucura,
Para seres mais dura, e mais escassa,
Tal rosto se não mude, antes se faça
Mais firme do que a minha desventura.

De que pode servir, seres mais bela,
Ver-vos mais soberana, e desdenhosa?
Dai ao demo a beleza, que atropela,

Bendita seja a feia, e a ranhosa,
Que roga, que suspira, e se desvela
Por dar-se toda a troco de uma prosa.

QUIS O POETA EMBARCAR-SE PARA A CIDADE E ANTECIPANDO A NOTÍCIA À SUA SENHORA, LHE VIU UMAS DERRETIDAS MOSTRAS DE SENTIMENTO EM VERDADEIRAS LÁGRIMAS DE AMOR.

Ardor em coração firme nascido!
Pranto por belos olhos derramado!
Incêndio em mares de água disfarçado!
Rio de neve em fogo convertido!

Tu, que um peito abrasas escondido,
Tu, que em um rosto corres desatado,
Quando fogo em cristais aprisionado,
Quando cristal em chamas derretido.

Se és fogo como passas brandamente?
Se és neve, como queimas com porfia?
Mas ai! que andou Amor em ti prudente.

Pois para temperar a tirania,
Como quis, que aqui fosse a neve ardente,
Permitiu, parecesse a chama fria.

AO MESMO ASSUNTO E NA MESMA OCASIÃO.

Corrente, que do peito desatada
Sois por dois belos olhos despedida,
E por carmim correndo desmedida
Deixais o ser, levais a cor mudada.

Não sei, quando caís precipitada
As flores, que regais, tão parecida,
Se sois neves por rosa derretida,
Ou se a rosa por neve desfolhada.

Essa enchente gentil de prata fina,
Que de rubi por conchas se dilata,
Faz troca tão diversa, e peregrina,

Que no objeto, que mostra, e que retrata,
Mesclando a cor purpúrea, e cristalina,
Não sei, quando é rubi, ou quando é prata.

RECOLHIDO O POETA A SUA CASA ASSAZMENTE
NAMORADO DO QUE HAVIA VISTO: NÃO PODE
SOSSEGAR SEU AMANTE GÊNIO, QUE LHE NÃO
MANDASSE NO OUTRO DIA ESTE ENCARECIMENTO
DE SEU AMOR.

Ontem quando te vi, meu doce emprego,
Tão perdido fiquei por ti, meu bem,
Que parece, este amor nasce, de quem
Por amar-te já vive sem sossego,

Essa luz de teus olhos me tem cego,
E tão cego, Senhora, eles me têm,
Que é fineza o adorar-te, e assim convém,
A ti, ó rica prenda, o desapego.

Em buscar-te, meu bem, isso é fineza.
Tu deixares de amar-me é desfavor,
Eu amar-te com fé, isso é firmeza.

Tu ausente de mim, vê, que é rigor,
Nota pois, que farei, rica beleza,
Quando amar-te desejo com primor.

VIU UMA MANHÃ A DE NATAL AS TRES IRMÃS, A CUJAS VISTAS FEZ AS SEGUINTES DÉCIMAS.

Numa manhã tão serena
como entre tanto arrebol
pode caber tanto sol
em esfera tão pequena?
quem aos pasmos me condena
da dúvida há de tirar-me,
e há de mais declarar-me,
como pode ser ao certo
estar eu hoje tão perto
de três sóis, e não queimar-me.

Onde eu vi duas Auroras
com tão claros arrebóis,
que muito visse dois sóis
nos raios de três Senhoras:
mas se as matutinas horas,
que Deus para aurora fez,
tinham passado esta vez,
como pode ser, que ali
duas auroras eu vi,
e os sóis eram mais de três?

Se lhes chamo estrelas belas,
mais cresce a dificuldade,
pois perante a majestade
do sol não luzem estrelas:
seguem-se-me outras sequelas,
que dão mais força à questão,
com que eu nesta ocasião
peço à Luz, que me conquista,
que ou me desengane a vista,
ou me tire a confusão.

Ou eu sou cego em verdade,
e a luz dos olhos perdi,
ou tem a luz, que ali vi,
mais questão, que a claridade:
cego de natividade
me pode o mundo chamar,
pois quando vim visitar
a Deus em seu nascimento,
me aconteceu num momento,
vendo a três luzes, cegar.

AO MESMO ASSUNTO.

Debuxo singular, bela pintura,
Adonde a Arte hoje imita a Natureza,
A quem emprestou cores a Beleza,
A quem infundiu alma a Formosura.

Esfera breve: aonde por ventura
O Amor, com assombro, e com fineza
Reduz incompreensível gentileza,
E em pouca sombra, muita luz apura.

Que encanto é este tal, que equivocada
Deixa toda a atenção mais advertida
Nessa cópia à Beleza consagrada?

Pois ou bem sem engano, ou bem fingida
No rigor da verdade estás pintada,
No rigor da aparência estás com vida.

AO MESMO ASSUNTO.

Vejo-me entre as incertezas
de três Irmãs, três Senhoras,
se são três sóis, três auroras,
três flores, ou três belezas:
para sóis têm mais lindezas
que aurora mais resplandor,
muita graça para flor,
e por final conclusão
três enigmas do Amor são,
mais que as três cidras do Amor[18].

---

18 AS TRÊS CIDRAS DO AMOR conto popular também conhecido no Brasil sob o título de *A moura torta*.

AO MESMO DESEMBARGADOR [DIONÍSIO DE ÁVILA VARREIRO[19]] CASANDO-SE COM A FILHA DO CAPITÃO SEBASTIÃO BARBOSA.

É questão mui antiga, e altercada
Entre os Letrados, e os Milicianos,
Sem se haver decidido em tantos anos,
Qual é mais nobre a pena, se a espada.

Discorrem em matéria tão travada
Altos entendimentos mais que humanos,
E julgam ter brasões mais soberanos
Uns, que Palas[20] togada[21], outros, que armada.

Esta pois controvérsia tão renhida,
Tão disputada, quanto duvidosa
Cessou co desposório, que se ordena.

Uma pena a soltou mui entendida,
Uma espada a cortou muito valerosa,
Pois já se dão as mãos espada, e pena.

---

19 DIONÍSIO DE ÁVILA VARREYRO segundo Roberto de Oliveira Brandão "[...] nomeado desembargador em 1689, fora ouvidor-geral de Pernambuco." (BRANDÃO, R. de O. *Poética e poesia no Brasil (Colônia)*, São Paulo: Editora Unesp, Imprensa Oficial do Estado, 2001. p. 118).
20 PALAS Palas Atena, na mitologia, deusa grega da sabedoria e da guerra.
21 TOGADA trajada de toga, vestimenta dos magistrados.

AO MESMO POR SUAS ALTAS PRENDAS [22].

Dou   pruden   nobre, huma   afá
   to,   te,   no,   vel,
Re   cien   benig   e aplausí
Úni   singular ra   inflexí
   co,   ro,   vel
Magnífi   precla   incompará
Do mun   grave Ju   inimitá
     do   is   vel
Admira   goza   o aplauso   crí
Po   a trabalho tan   e t   terrí
   is   to   ão   vel
Da   pron   execuç   sempre incansá
Voss   fa   Senhor sej   notór
   a   ma   a   ia
L   no cli   onde nunc chega o d

---

22 DE ACORDO com Francisco Topa: "Estamos perante uma das modalidades mais simples dos sonetos em labirinto: estruturado em sete pares sucessivos de versos, o poema destaca um número variável de sílabas (ou segmentos fónicos) – colocadas no intervalo linear dos versos que compõem cada par –, que servem às palavras dos dois versos situadas no mesmo alinhamento." (TOPA, F. *Edição crítica da obra poética de Gregório de Matos*. Porto: Edição do autor, 1999. v. II: edição dos sonetos. p. 139).

Ond   de   Ére   só se   tem   memór
    e   bo²³   ia
Para qu   gar   tal,   tanta energ
po   de   tod   est   terr   é gentil glór
    is   a   a   a   ia
Da ma   remot   sej   um   alegr

---

23 ÉREBO, na mitologia grega, personificação da escuridão, filho de Caos.

A MANUEL FERREIRA DE VERAS NASCENDO-LHE
UM FILHO, QUE LOGO MORREU, COMO TAMBÉM
AO MESMO TEMPO UM SEU IRMÃO, E AMBOS
FORAM SEPULTADOS JUNTOS EM N. SENHORA DOS
PRAZERES[24].

Um prazer, e um pesar quase irmanados,
Um pesar, e um prazer mas divididos
Entraram nesse peito tão unidos,
Que Amor os acredita vinculados.

No prazer acha Amor os esperados
Fruitos de seus extremos conseguidos,
No pesar acha a dor amortecidos
Os vínculos do sangue separados.

Mas ai fado cruel! que são azares
Toda a sorte, que dás dos teus haveres,
Pois val o mesmo dares, que não dares.

Emenda-te, fortuna; e quando deres,
Não seja esse pesar em dous pesares,
Nem um prazer enterrado nos Prazeres.

---

24 N. SENHORA DOS PRAZERES possivelmente Igreja de Nossa Senhora dos Prazeres dos Montes Guararapes, que fica em Jaboatão dos Guararapes, Pernambuco.

CHORA O POETA A MORTE DE UM SEU FILHO, CUJO PESAR DEU MOTIVO À PRIMEIRA OBRA SACRA DESTE LIVRO.

Querido Filho meu, ditoso espírito
Que do corpo as prisões tens desatado,
E por viver no Céu tão descansado,
Me deixaste na terra tão aflito.

Tu mais do que teu Pai és erudito,
Muito mais douto, e mais experimentado,
Pois por ser Anjo em Deus predestinado
Deixaste de homem ser talvez precito.

Se de achaque de um Sol, do mal de um dia
Entre um doce suspiro, e brando ronco
De toda a flor acaba a louçania:

Que muito, ó Filho, flor de um pau tão bronco
Que acabe a flor na dócil infância,
E que acabando a flor, dure ainda o tronco.

PRETENDE O POETA CONSOLAR O EXCESSIVO SENTIMENTO DE VASCO DE SOUZA COM ESTE SONETO[25].

Sôbolos rios, sôbolas torrentes
De Babilônia o Povo ali oprimido
Cantava ausente, triste, e afligido
Memórias de Sião[26], que tem presentes.

Sôbolas do Caípe[27] águas correntes
Um peito melancólico, e sentido
Um anjo chora em cinzas reduzido,
Que são bens reputados sobre ausentes.

Para que é mais idade, ou mais um ano,
Em quem por privilégio, e natureza
Nasceu flor, a quem um sol faz tanto dano?

Vossa prudência pois em tal dureza
Não sinta a dor, e torne o desengano
Que um dia é eternidade da beleza.

---

25 TRATA-SE de alusão à Bíblia (Salmo 137, 1): "À beira dos canais de Babilônia nos sentamos, e choramos com saudades de Sião". Esse Salmo era frequentemente utilizado por poetas (entre eles Camões) como mote para suas composições.
26 SIÃO em Jerusalém, Terra Prometida.
27 CAÍPE rio de Pernambuco.

MORALIZA O POETA NOS OCIDENTES DO SOL A INCONSTÂNCIA DOS BENS DO MUNDO.

Nasce o Sol, e não dura mais que um dia,
Depois da Luz se segue a noite escura,
Em tristes sombras morre a formosura,
Em contínuas tristezas a alegria.

Porém se acaba o Sol, por que nascia?
Se formosa a Luz é, por que não dura?
Como a beleza assim se transfigura?
Como o gosto da pena assim se fia?

Mas no Sol, e na Luz, falte a firmeza,
Na formosura não se dê constância,
E na alegria sinta-se tristeza.

Começa o mundo enfim pela ignorância,
E tem qualquer dos bens por natureza
A firmeza somente na inconstância.

PERGUNTA-SE NESTE PROBLEMA, QUAL É MAIOR, SE O BEM PERDIDO NA POSSE, OU O QUE SE PERDE ANTES DE SE LOGRAR? DEFENDE O BEM JÁ POSSUÍDO.

Quem perde o bem, que teve possuído,
A morte não dilate ao banimento,
Que esta dor, esta mágoa, este tormento
Não pode ter tormento parecido.

Quem perde o bem logrado, tem perdido
O discurso, a razão, o entendimento:
Porque caber não pode em pensamento
A esperança de ser restituído.

Quanto fosse a esperança alento à vida,
Té nas faltas do bem seria engano
O presumir melhoras desta Sorte.

Porque onde falta o bem, é homicida
A memória, que atalha o próprio dano,
O Refúgio, que priva a mesma morte.

DEFENDE-SE O BEM QUE SE PERDEU NA ESPERANÇA PELOS MESMOS CONSOANTES[28].

O bem, que não chegou a ser possuído
Perdido causa tanto sentimento,
Que faltando-lhe a causa do tormento,
Faz ser maior tormento o padecido.

Sentir o bem logrado, e já perdido
Mágoa será do próprio entendimento,
Porém, o bem, que perde um pensamento,
Não o deixa outro bem restituído.

Se o logro satisfaz a mesma vida,
E depois de logrado fica engano
A falta, que o bem faz em qualquer Sorte:

Infalível será ser homicida
O bem, que sem ser mal motiva o dano,
O mal, que sem ser bem apressa a morte.

---

28 MESMOS CONSOANTES mesmas palavras ou mesmas rimas empregadas no final de cada verso.

TENTADO A VIVER NA SOLEDADE SE LHE REPRESENTAM AS GLÓRIAS DE QUEM NÃO VIU, NEM TRATOU A CORTE

Ditoso tu, que na palhoça agreste
Viveste moço, e velho respiraste,
Berço foi, em que moço te criaste,
Essa será, que para morto ergueste.

Aí, do que ignoravas, aprendeste,
Aí, do que aprendeste, me ensinaste,
Que os desprezos do mundo, que alcançaste,
Armas são, com que a vida defendeste.

Ditoso tu, que longe dos enganos,
A que a corte tributa rendimentos,
Tua vida dilatas, e deleitas!

Nos palácios reais se encurtam anos;
Porém tu sincopando os aposentos,
Mais te deleitas, quando mais te estreitas.

CONTINUA O POETA EM LOUVAR A SOLEDADE VITUPERANDO A CORTE.

Ditoso aquele, e bem-aventurado,
Que longe, e apartado das demandas
Não vê nos tribunais as apelandas,
Que à vida dão fastio, e dão enfado.

Ditoso, quem povoa o despovoado,
E dormindo o seu sono entre as Holandas
Acorda ao doce som, e às vozes brandas
Do tenro passarinho enamorado.

Se estando eu lá na corte tão seguro
Do néscio impertinente, que porfia,
A deixei por um mal, que era futuro;

Como estaria vendo na Bahia,
Que das Cortes do mundo é vil monturo,
O roubo, a injustiça, a tirania.

QUEIXA-SE O POETA EM QUE O MUNDO VAI ERRADO, E QUERENDO EMENDÁ-LO O TEM POR EMPRESA DIFICULTOSA.

Carregado de mim ando no mundo,
E o grande peso embarga-me as passadas,
Que como ando por vias desusadas,
Faço o peso crescer, e vou-me ao fundo.

O remédio será seguir o imundo
Caminho, onde dos mais vejo as pisadas,
Que as bestas andam juntas mais ornadas,
Do que anda só o engenho mais profundo.[29]

Não é fácil viver entre os insanos,
Erra, quem presumir, que sabe tudo,
Se o atalho não soube dos seus danos.

O prudente varão há de ser mudo[30],
Que é melhor neste mundo o mar de enganos
Ser louco cos demais, que ser sisudo.

---

29 O REMÉDIO SERÁ ... ENGENHO MAIS PROFUNDO nesse trecho é possível perceber semelhança com o seguinte trecho de obra do filósofo latino Sêneca (4 a.C.-65 d.C.): "[...] o caminho mais palmilhado e frequentado é o que mais costuma enganar" (SÊNECA, Lúcio Aneu. *Da vida feliz*. Trad. João Carlos Cabral Mendonça. São Paulo: Martins Fontes, 2001. p. 3).

30 SEGUNDO O *ORÁCULO MANUAL E ARTE DA PRUDÊNCIA* (1647), de Baltasar Gracián (1601-1658), "[...] falar atento: com os inimigos por cautela; com os demais por decência. Sempre há tempo para enviar a palavra, mas não para fazê-la voltar. Deve-se falar como em testamento, pois com menos palavras, menos pleitos. No que não importa é preciso adestrar-se para o que importa. O arcano tem viso de divino. Quem é de fácil falar está perto do ser vencido e convencido" (GRACIÁN, Baltasar. *A arte da prudência*. Trad. Ivone Castilho Benedetti. São Paulo: Martins Fontes, 1996. p. 104).

NO FLUXO E REFLUXO DA MARÉ ENCONTRA O POETA INCENTIVO PARA RECORDAR SEUS MALES.

Seis horas enche e outras tantas vaza
A maré pelas margens do Oceano,
E não larga a tarefa um ponto no ano,
Depois que o mar rodeia, o sol abrasa.

Desde a esfera primeira opaca, ou rasa
A Lua com impulso soberano
Engole o mar por um secreto cano,
E quando o mar vomita, o mundo arrasa.

Muda-se o tempo, e suas temperanças.
Até o céu se muda, a terra, os mares,
E tudo está sujeito a mil mudanças.

Só eu, que todo o fim de meus pesares
Eram de algum minguante as esperanças,
Nunca o minguante vi de meus azares.

RESPONDE O POETA A SEGUINTE DÉCIMA [GOZE A CORTE AMBICIOSO] COM ESTE SONETO.

Ditoso Fábio, tu, que retirado
Te vejo ao desengano amanhecido
Na certeza do pouco, que hás vivido,
Sem para ti viver no povoado.

Enquanto nos palácios enredado
Te enlaçaram cuidados divertido,
De ti mesmo passavas esquecido,
De ti próprio vivias desprezado.

Mas agora que nessa choça agreste,
Onde, quanto perdias, alcançaste,
Viver contigo para ti quiseste.

Feliz mil vezes tu, pois começaste
A morrer, Fábio, desde que nasceste,
Para ter vida agora, que expiraste.

NUMA ILUSTRE ACADEMIA.

MOTE

Perguntou-se a um discreto,
qual era a morte tirana:
respondeu, que estar ausente
daquilo, que mais se ama.

1   Numa ilustre academia,
       que com ciências infusas
       fizeram as nove Musas[31],
       onde Apolo[32] presidia:
       leu o Secretário Admeto[33],
       um problema mui seleto
       propôs, para argumentar-se,
       e havendo de perguntar-se,
       Perguntou-se a um discreto.

2   Ele, que estava distante,
       e não ouvia a proposta,

---

31 MUSAS entidades mitológicas que inspiravam criações artísticas e científicas.
32 APOLO deus grego da beleza, da juventude e da luz. Filho de Zeus e Leto, é também patrono das artes.
33 ADMETO, segundo a mitologia grega, foi rei da Tessália. Quando Apolo desceu à Terra para cumprir uma punição, serviu a Admeto como pastor. Em agradecimento à hospitalidade recebida, Apolo fez com que todas as vacas de Admeto parissem gêmeos.

       não deu por então resposta
       de Surdo, e não de ignorante:
       mas vendo no seu semblante
       a academia Sob'rana,
       que tinha a desculpa lhana,
       lhe advertiram com agrado,
       que lhe haviam perguntado:
       Qual era a morte tirana.

3   Ele entonces como um raio
       prontamente, e sem detença
       tomando vênia, e licença
       fez consigo um breve ensaio:
       o mais horrível desmaio
       que um peito amoroso sente,
       é a falta do bem presente:
       ficou-lhe a resposta lhana;
       e a qual é a morte tirana,
       Respondeu, que estar ausente.

4   Deixou a resposta absorto
       a aquele douto congresso,
       porque é já provérbio expresso,
       que ausente é o mesmo que morto:
       eu me persuado, e exorto,
       que quem se abrasa, e inflama
       de amor na contínua chama,
       inda que sinta abrasar-se,
       e menos mal, que ausentar-se
       Daquilo, que mais se ama.

AO CONDE DE ERICEIRA D. LUIZ DE MENEZES[34] PEDINDO LOUVORES AO POETA NÃO LHE ACHANDO ELE PRÉSTIMO ALGUM.

Um soneto começo em vosso gabo;
Contemos esta regra por primeira,
Já lá vão duas, e esta é a terceira,
Já este quartetinho está no cabo.

Na quinta torce agora a porca o rabo:
A sexta vá também desta maneira,
na sétima entro já com grã canseira,
E saio dos quartetos muito brabo.

Agora nos tercetos que direi?
Direi, que vós, Senhor, a mim me honrais,
Gabando-vos a vós, e eu fico um Rei.

Nesta vida um soneto já ditei,
Se desta agora escapo, nunca mais;
Louvado seja Deus, que o acabei. [35]

---

34 D. LUIZ DE MENEZES, 3º Conde da Ericeira (1632-1690), participou das batalhas pela restauração da monarquia portuguesa, em 1640, como general de artilharia. É autor da *História de Portugal restaurado*, obra que narra os eventos ocorridos entre 1640 e 1668, período dos reinados de D. João IV (de 1640 a 1656) e o início do reinado de D. Afonso VI (que reinou entre 1656 e 1683).

35 NA CONCEITUAÇÃO de Glauco Mattoso, este pode ser um exemplo de "processoneto": "O próprio conceito do soneto implica um paradoxo, pois, de um lado, a estrutura rígida cerceia a liberdade criativa do poeta e, de outro lado, essa aparente camisa de força estimula a habilidade do sonetista e testa seu domínio vocabular. Não por acaso vários autores tematizam o desafio da composição e a responsabilidade do sonetista em exemplos que poderiam ser chamados de sonetos metalinguísticos, de 'metassonetos' ou, quando descrevem a própria construção, 'processonetos'" (Disponível em: <www.elsonfroes.com.br/pag10.htm>. Acesso em: 18 mar. 2012).

À MESMA DAMA.

Ai, Custódia! sonhei, não sei se o diga:
Sonhei, que entre meus braços vos gozava.
Oh se verdade fosse, o que sonhava!
Mas não permite Amor, que eu tal consiga.

O que anda no cuidado, e dá fadiga,
Entre sonhos Amor representava
No teatro da noite, que apartava
A alma dos sentidos, doce liga.

Acordei eu, e feito sentinela
De toda a cama, pus-me uma peçonha,
Vendo-me só sem vós, e em tal mazela.

E disse, porque o caso me envergonha,
Trabalho tem, quem ama, e se desvela,
E muito mais quem dorme, e em falso sonha.

RESPONDE O POETA A UM MALCONSIDERADO AMIGO, QUE O MATRAQUEAVA DE COBARDE NESTA MATÉRIA.

Deixei a Dama, a outrem, mas que fiz?
Deixar o começado é ser falaz,
Porém Amor por louco, e por rapaz
Ao mesmo tempo afirma, e se desdiz.

Consenti de outro amante ações gentis,
Largando o bem, fiquei dele incapaz,
Se eu não souber fazer, o que outrem faz,
Que muito, que outrem queira, o que eu não quis.

O Sítio, em que a vontade a mim me pôs,
Do qual fora a razão já me conduz,
Seja a outrem prisão, seja cadoz.

Seja ele o infeliz, que eu ser propus
Alexandre, que em laços cortou nós[36],
Teseu, que em labirintos achou luz.[37]

---

36 ALEXANDRE, QUE EM LAÇOS CORTOU NÓS refere-se à expressão nó de Górdio. Segundo a lenda, anunciado pelo Oráculo, o sucessor do Rei da Frígia (Ásia Menor), que morreu sem deixar herdeiros, chegaria à cidade em um carro de bois. A profecia cumpriu-se e o camponês de nome Górdio foi coroado. Para não se esquecer do passado humilde, Górdio amarrou sua carroça a uma coluna do templo de Zeus. Pelo nó, impossível de ser desatado, Górdio ficou famoso. Com sua morte, seu filho Midas o sucedeu no trono e transformou a Frígia em um império. Depois da morte de Midas, que também não deixou sucessor, o Oráculo profetizou que quem desatasse o nó de Górdio dominaria a Ásia Menor. Quinhentos anos depois, Alexandre, o Grande ouviu a lenda e, ao passar pela Frígia, com sua espadada cortou o nó. Coincidentemente, tornou-se senhor de toda a Ásia Menor. A expressão significa, portanto, resolver um problema complexo de maneira simples e eficaz.

37 TESEU, QUE EM LABIRINTOS ACHOU LUZ alusão ao episódio da mitologia grega em que Teseu entra no labirinto em que vivia o Minotauro para matá-lo.

TOMÁS PINTO BRANDÃO[38] ESTANDO PRESO POR INDÚSTRIAS DE CERTO FRADE: AFOMENTADO NA PRISÃO POR SEUS DOIS IRMÃOS APELIDADOS O FRISÃO, E O CHICÓRIA EM VÉSPERAS, QUE ESTAVA O POETA DE IR PARA ANGOLA.

É uma das mais célebres histó-,
A que te fez prender, pobre Tomá-,
Porque todos te fazem degradá-,
Que no nosso idioma é para Angó-,

Oh se quisesse o Padre Santo Antô-,
Que se falsificara este pressá-,
Para ficar corrido este Frisá-,
E moído em salada este Chicó-.

Mas ai! que lá me vem buscar Mati-,
Que nestes casos é peça de lé-;
Adeus, meus camaradas, e ami-.

Que vou levar cavalos a Bengué-,
Mas se vou a cavalo em um navi-,
Servindo vou a El-Rei por mar, e té-,[39]

---

38 THOMAZ PINTO BRANDÃO (Tomás Pinto Brandão) (1664-1743), poeta português, amigo de Gregório de Matos, que foi condenado a degredo na Angola.

39 SEGUNDO Francisco Topa, "Estamos perante um soneto de cabo roto, tipo de soneto em agudos que consiste na eliminação das sílabas postónicas finais dos versos. Se bem percebi, os vocábulos finais dos versos serão: *histórias, Tomás, degradado, Angola, António, presságio, Frisão, Chicória, Matias, lei, amigos, Benguela, navio* e *terra*. Note-se que os v. 2, 7 e 10 terminam com uma palavra oxítona, o que não permite elidir nenhuma sílaba, tendo assim o autor optado pela eliminação de um fonema." (TOPA, op. cit., p. 510).

A FR. TOMÁS D'APRESENTAÇÃO PREGANDO EM TERMOS LACÔNICOS A PRIMEIRA DOMINGA DA QUARESMA.

Padre Tomás, se Vossa Reverência
Nos pregar as Paixões desta arte mesma,
Viremos a entender, que na Quaresma
Não há mais pregador do que vossência[40].

Pregar com tão lacônica eloquência
Em um só quarto, o que escrevo em resma,
À fé, que o não fazia Frei Ledesma,
Que pregava uma resma de abstinência.

Quando pregar o vi, vi um São Francisco,
Senão mais eficaz, menos chagado,
E de o ter por um Anjo estive em risco.

Mas como no pregar é tão azarado,
Achei, que no evangélico obelisco
É Cristo no burel ressuscitado.

---
40 VOSSÊNCIA contração de Vossa Excelência.

AO MESMO ASSUNTO.

(À MESMA FREIRA [D. MARIANA] MANDANDO-LHE UM PRESENTE DE DOCES.)

Senhora minha: se de tais clausuras
Tantos doces mandais a uma formiga,
Que esperais vós agora, que vos diga,
Se não forem muchisimas[41] doçuras.

Eu esperei de amor outras venturas:
Mas ei-lo vai, tudo o que é de amor, obriga,
Ou já seja favor, ou uma figa,
Da vossa mão são tudo ambrósias[42] puras.

O vosso doce a todos diz, comei-me,
De cheiroso, perfeito, e asseado,
E eu por gosto lhe dar, comi, e fartei-me.

Em este se acabando, irá recado,
E se vos parecer glutão, sofrei-me,
Enquanto vos não peço outro bocado.

---

41 MUCHISIMAS muitíssimas.
42 AMBRÓSIA segundo a mitologia, o manjar dos deuses do Olimpo. Feito com ovos, leite e açúcar, o doce teria o poder de cura.

NO DIA EM QUE O POETA EMPRENDEU GALANTEAR UMA FREIRA DO MESMO CONVENTO SE LHE PEGOU O FOGO NA CAMA, E INDO APAGÁ-LO, QUEIMOU UMA MÃO.

Ontem a amar-vos me dispus, e logo
Senti dentro de mim tão grande chama,
Que vendo arder-me na amorosa flama,
Tocou Amor na vossa cela o fogo.

Dormindo vós com todo o desafogo
Ao som do repicar saltais da cama,
E vendo arder uma alma, que vos ama,
Movida da piedade, e não do rogo

Fizeste aplicar ao fogo a neve
De uma mão branca, que livrar-se entende
Da chama, de quem foi despojo breve.

Mas ai! que se na neve Amor se acende,
Como de si esquecida a mão se atreve
A apagar, o que Amor na neve incende.

CHEGANDO O POETA A VILA DE SÃO FRANCISCO DESCREVE OS DIVERTIMENTOS, QUE ALI PASSAVA, E EM QUE SE ENTRETINHA.

Há cousa como estar em São Francisco,
Onde vamos ao pasto a tomar fresco,
Passam as negras, fala-se burlesco,
Fretam-se todas, todas caem no visco.

O peixe roda aqui, ferve o marisco,
Come-se ao grave, bebe-se ao tudesco,
Vêm barcos da cidade com o refresco,
Há já tanto biscouto como cisco.

Chega o Faísca, fala, e dá um chasco,
Começa ao dia, acaba ao lusco e fusco[43],
Não cansa o paladar, rompe-me o casco.

Joga-se em casa em sendo o dia brusco,
Vem chegando-se a Páscoa, e se eu me empasco,
Os lombos de um Tatu é o pão, que busco.

---

43 LUSCO E FUSCO (lusco-fusco) período entre o final do dia e o início da noite.

REMETE O SEU CUIDADO AS DILIGÊNCIAS DO TERREIRO LISONGEANDO A MÃE DESTA DAMA.

Senhora Florenciana, isto me embaça
Contates vós de mim tantos agrados,
E estar eu vendo, que por meus pecados
Tenho para convosco pouca graça.

Em casa publicais, no lar, na praça
Que sou homem capaz de altos cuidados,
E nunca me ajudais cos negregados
Que tenho como Madama de Mombaça.

Eu não sei, como passo, ou como vivo
Na pouca confiança, que me destes,
Depois que fui de Amor aljava, ou crivo.

Porque por mais mercês, que me fizestes,
Jamais me recebestes por cativo,
Nem menos para genro me quisestes.

A D. MARTHA DE CRISTO PRIMEIRA ABADESSA
DO DESTERRO GALANTEIA O POETA
OBSEQUIOSAMENTE.

Ilustríssima Abadessa,
generosa Dona Marta,
que inda que nunca vos vi,
vos conheço pela fama.
Um ludíbrio da fortuna,
epílogo de desgraças
se oferece a vossos pés,
para beijar-vos as plantas.
E bem, que a tão breve pé
sobra uma boca tamanha,
que mal me estará fazer-vos
as adorações sobradas.
Que dissera eu, se vos vira
a beleza dessa cara,
dos corações doce enleio,
suave encanto das almas?
Mas já que nunca vos vi,
por não ter dita tão alta,
a informação, que tirei,
para desejar-vos basta,
Vós sois, Senhora Abadessa,
fruto de tão nobre planta,

que se não nascêreis vós,
mal pudera outro imitá-la.
O que vos peço, é querer-vos
ou que me désseis palavra
de consentir, que vos queira,
que é dom, que não custa nada.
Eu sou um conimbricense[44]
nascido nestas montanhas,
e sobre um ovo chocado
entre gemas, e entre clara.
Servi a Amor muitos anos,
e como sempre mal paga,
tenho a alma sabichona
já de muito escarmentada.
Não tenho medo de vós,
que não sois das namoradas,
dadas a mui pertendidas
pelo meio de falsárias.
Sois uma Freira mui linda,
bem nascida, e bem criada,
e o gabo não vos assuste,
que ninguém gorda vos chama.
A este pobre fradulário
dai qualquer favor por carta,
porque no tardar do prêmio
não perigue a esperança.

---

44 CONIMBRICENSE de Coimbra, coimbrão.

DESCREVE O QUE LHE ACONTECEU EM S. GONÇALO DO RIO VERMELHO COM A VISTA DE UMA DAMA FORMOSA, E BEM ADORNADA.

Fui à missa a São Gonçalo,
e nunca fora à tal missa,
que uma custa dous tostões,
e esta há de custar-me a vida.
Estava eu fora esperando,
que o Clérigo se revista,
quando pela igreja entrou
o sol numa serpentina.
Uma mulher, uma flor,
um Anjo, uma Paraninfa,
sol disfarçado em mulher,
e flor em Anjo mentida.
Fui ver a metamorfósis,
vi uma moça divina
ocasionada da cara,
quando arriscada de vista.
Onde tal risco se corre,
ou onde tanto se arrisca,
que menos se há de perder,
que a liberdade, e a vida.
Desde então fui seu cativo,
seu morto daquele dia,

e dentre ambos quis Amor,
que só o cativo lhe sirva.
Serve o cativo talvez,
mortos não têm serventia,
e se tiver de matar-me
vanglória, o terei por dita.
Por entre a nuvem do manto,
que a luz própria então vencia,
às claras estive vendo
aquela estrela divina:
Aquele sol soberano,
que pela elítica via
de seu rosto anda fazendo
um solstício a cada vista.
Acabou-se a missa logo,
e foi a primeira missa,
que por breve me enfadou,
pois toda a vida a ouvira.
Foi-se para sua casa,
e eu a segui a uma vista,
passou o rio, e cobrou-se,
cheguei ao rio, e perdi-a.
Vi-a no monte, e lhe fiz
co chapéu as despedidas,
e lhe inculquei meu amor
por meio da cortesia.
Não tornei a São Gonçalo,
nem tornarei em meus dias,
que entre beleza, e adorno
todo o home ali periga.

CONTINUA O POETA EM LISONJEAR AS SANGRIAS[45] DE SUA ESPOSA.

1. Dizei, queridos amores,
dizei-me, sangrada estais?
Jesus! porque derramais
rubis de tantos valores?
Valha-me Deus! ai que dores
sinto no meu coração;
vós sangradinha, e eu são!
Se tenho a vida ferida,
não sei, como tenho vida,
tendo vós tanta aflição.

2. Dizei-me, quem vos sangrou,
Mana do meu coração?
qual foi a atrevida mão,
que assim vos martirizou?
não sei, se vos magoou.
Porém romper um cristal
ninguém pode fazer tal.
Sem penoso detrimento,
que inda que vá muito atento,
sempre lhe há de fazer mal.

---

45 SANGRIAS, na medicina da época, julgava-se salutar fazer o paciente sangrar para que, juntamente com o sangue, se esvaíssem os humores do corpo.

PONDERA MISTERIOSO EM AMORES O DESCUIDO, COM QUE UMA DAMA CORTOU O SEU DEDINHO QUERENDO APARAR UMA PENA PARA ESCREVER A SEU AMANTE.

1   Para escrever intentou
       Nise uma pena aparar,
       e começando a cortar,
       o seu dedinho cortou:
       incontinenti a largou
       sentida desta ocasião,
       e com tão justa razão
       chorosa sente: porque
       teve neste golpe pé,
       para sentir-se da mão.

2   Duas penas descontente
       padece Nise em verdade,
       da ferida a crueldade,
       e viver de Fábio ausente:
       qual destas duas mais sente
       difícil é de advertir;
       mas eu venho a concluir,
       que mais sente Nise amante
       viver de Fábio distante,
       do que chegar-se a ferir.

3   Quisera a Fábio escrever
por dar alívio a seu mal,
porém a sorte fatal
não lho consentiu fazer:
quis-lhe o gosto perverter,
dando-lhe o golpe, que a assusta,
por cuidar, que é cousa justa
mostrar, quando Nise chora,
que esse Fábio, a quem adora,
gotas de sangue lhe custa.

4   Bem claramente constou
de Nise na mão ferida,
que o ser liberdade, e vida
tudo a Fábio sujeitou:
discreta, e entendida andou
neste amoroso embaraço,
pois para apertar o laço
mais da sua sujeição,
que o firma nesta ocasião,
mostrou o sangue do braço.

5   Queixosa Nise em verdade
se mostrou nesta ocasião,
não da ferida da mão,
do golpe sim da saudade:
porque com tal crueldade
a move de Fábio a ausência,
que sem haver resistência
no peito, que amante o adora,
Lágrimas de sangue chora
com repetida veemência.

6 De propósito parece,
que se deu Nise este corte,
porque um amor, que é tão forte,
só bem assim se encarece:
e quem duvida, o fizesse
para dar-nos a entender,
que quis seu sangue verter
para mostrar sua fé,
que tanto ama a Fábio, que
quer dar-lhe o sangue a beber.

SERVIU LUÍS A ISABEL.

MOTE

Amar Luís a Maria,
amaria não é amar
logo como pode estar
num tempo amar, e amaria.

1   Serviu Luís a Isabel
    por prêmio de um favor só
    mais tempo do que Jacó
    serviu à bela Raquel[46]:
    e porque Isabel infiel
    o enganou de dia em dia,
    em pena de aleivosia

---

46   SERVIU LUÍS A ISABEL ... SERVIU À BELA RAQUEL alusão ao seguinte trecho da Bíblia (Gênesis 29, 15-30): "Então Labão disse a Jacó: 'Por seres meu parente, irás servir-me de graça? Indica-me qual deve ser teu salário.' Ora, Labão tinha duas filhas: a mais velha se chamava Lia e a mais nova, Raquel. Os olhos de Lia eram ternos, mas Raquel tinha um belo porte e belo rosto e Jacó amou Raquel. Ele respondeu: 'Eu te servirei sete anos por Raquel, tua filha mais nova.' Labão disse: 'Melhor dá-la a ti do que a um estrangeiro; fica comigo.' Jacó serviu então, por Raquel, durante sete anos, que lhe pareceram alguns dias, de tal modo ele a amava. Depois Jacó disse a Labão: 'Dá-me minha mulher, pois venceu o prazo, e que eu viva com ela!' Labão reuniu todos os homens do lugar e deu um banquete. Mas eis que de noite ele tomou sua filha Lia e a conduziu a Jacó; e este uniu-se a ela! – Labão deu sua serva Zelfa como serva à sua filha Lia. – Chegou a manhã, e eis que era Lia! Jacó disse a Labão: 'Que me fizeste? Não foi por Raquel que eu servi em tua casa? Por que me enganaste?' Labão respondeu: 'Não é uso em nossa região casar-se a mais nova antes da mais velha. Mas acaba esta semana de núpcias e te darei também a outra como prêmio pelo serviço que farás em minha casa durante outros sete anos.' Jacó fez assim: acabou essa semana de núpcias e Labão lhe deu sua filha Raquel como mulher. – Labão deu sua serva Bala como serva à sua filha Raquel. – Jacó uniu-se também a Raquel e amou Raquel mais do que a Lia; ele serviu na casa de seu tio ainda outros sete anos.".

em Maria o empreguei,
e então lhe certifiquei
Amar Luís a Maria.

2 Deixei-a tão persuadida,
quanto ela é presuntuosa,
que o presumir de formosa
persuade o ser querida:
porém como é entendida,
e em toda a arte de amar
sabe muito bem conjugar,
disse, tomando-me a mão,
que em boa conjugação
Amaria não é amar.

3 Que amaria é imperfeito,
e perfeito o ter amado,
e a um presente cuidado
não serve o plus-quão-perfeito:
vi eu a Moça de jeito,
que me pus pela quietar
nesta forma a conjugar
"Amar Luís, e amaria
não está em filosofia",
Logo como pode estar?

4 Este aparente argumento,
e sutil proposição
não só tirou a questão,
mas deu-lhe contentamento:
firme enfim ao fundamento
da minha sofisteria

diz, que a boa astronomia
tem uns pontos tão sutis,
que pode estar em Luís
Num tempo amar, e amaria.

A UMA DAMA QUE LHE PEDIU OS CABELOS.

Este cabelo, que aora
quieres, que el amor te dé,
teme, Nise, que tu fé
con el me seya traydora:
mas como el alma te adora,
obedecer-te es rason,
que aun que seya otro Sanson
mirando a tus ojos bellos
perder no puedo en cabellos
las fuerças del coraçon.[47]

---

47 TRADUÇÃO A uma dama que lhe pediu os cabelos // Este cabelo, que agora / queres, que o amor te dê, / teme, Nise, que tua fé / com ele me seja traidora: / mas como a alma te adora, / obedecer-te é razão, / que ainda que seja outro Sansão / mirando a teus olhos belos / perder não posso em cabelos / as forças do coração.

ÀS RELIGIOSAS QUE EM UMA FESTIVIDADE, QUE CELEBRARAM, LANÇARAM A VOAR VÁRIOS PASSARINHOS.

Meninas, pois é verdade,
não falando por brinquinhos,
que hoje aos vossos passarinhos
se concede liberdade:
fazei-me nisto a vontade
de um passarinho me dar,
e não o deveis negar,
que espero não concedais,
pois é dia, em que deitais
passarinhos a voar.

GALANTEIA O POETA AQUELE DESDÉM COM UM RAMILHETE DE FLORES REMATADO COM UMA FIGURINHA DE AZEVICHE.

Essas flores, que uma figa
levam consigo, meu bem,
grande mistério contêm
contra a fortuna inimiga:
pois deste amor na fadiga
indo as flores sem abrolhos
com tal figa nos refolhos,
bem se vê, que em mil amores
para vós vos mando as flores,
e figas para meus olhos.

A MESMA MARIANA PEDINDO LHE FIZESSE UNS VERSOS, ENCONTRANDO-A NO MAR INDO PARA FORA.

1. Os versos, que me pedis,
podendo-os mandar formar,
que vós por me não mandar,
não mandareis dois ceitis:
como sem assunto os fiz,
pois vós a vosso contento,
não destes o pensamento,
os rasgues, por ser melhor
assunto do meu amor,
que o vosso contentamento.

2. Por sete anos de Pastor
serviu Jacó a Raquel,
eu servi a uma cruel,
mais de sete anos de amor:
a Jacó lhe foi traidor
Labão: cuja aleivosia
por Raquel lhe entregou Lia[48],
e a mim não pior me vai,
se me não engana um Pai,
veio a enganar-me uma Tia.

---
48 POR SETE ANOS DE PASTOR ... LHE ENTREGOU LIA novamente o autor faz alusão ao Gênesis 29, 15-30.

3   Esta tão assegurada
     me propôs a refestela,
     que cuidei, que tinha nela
     a tutia preparada:
     enganou-me de malvada
     tanto pior, que Labão,
     que Lia e Jacó lhe dão,
     bem que com sorte trocada,
     e a mim nem Lia nem nada
     me deram dão, nem darão.

4   Oito anos há, que fiel,
     estou servindo a um amor,
     que Labão não foi pior,
     porque vos sois a Raquel:
     esta ingratidão cruel
     foi o meu triste alimento
     oito anos, e fora um cento,
     porque quem chega a querer
     para ajudar-se a viver
     faz do Malquerer sustento.

5   Ontem vos topei no mar
     em uma barca tão breve,
     quem nem por ligeira e leve
     os pôde a vista alcançar:
     pus-me logo a duvidar,
     vendo-vos ir sobre a popa,
     se seríeis vós Europa
     sobre a vaca fabulosa[49],

---

49 SE SERÍEIS VÓS EUROPA ... FABULOSA na mitologia grega, Europa, filha de Agenor, rei da Fenícia, foi seduzida por Zeus, transfigurado em touro, para que sua ciumenta mulher, Hera, não interviesse.

mas vós íreis mais formosa,
do que Europa, e toda Europa.

6   Se hei de dizer-vos verdade,
e me haveis de crer a mim,
até o meu bergantim
ficou morto de saudade
ficou de tal qualidade
a barquinha entropecida,
que nem do vento impelida,
nem do remo forcejada
se moveu, antes pasmada,
que a vi por vós perdida.

7   Com trabalho em tanta calma,
(que o trabalho havia eu tido,
por não haver conhecido;
o que tinha dentro n'alma)
levei do perigo a palma,
e ao porto o bergantim,
e saindo dele enfim
soube já na terra lhana,
que éreis vós a Mariana
disfarçada em serafim.

8   Então fiquei mais absorto,
mais sentido, e pesaroso
mais amante, e mais saudoso,
enfim então fiquei morto:
nestes versos me conforto,
pois neles se queixa Amor:
e inda que o vosso favor

é coisa, que nunca espero,
digo ao menos, que vos quero,
e alivio a minha dor.

À MESMA FREIRA [D. MARIANA] JÁ DE TODO MODERADA DE SEUS ARRUFOS E CORRESPONDENDO AMANTE AO POETA.

A bela composição
dos dous nomes, que lograis,
bem explica, o que cifrais
nessa rara perfeição:
porque sendo em conclusão
por Maria Mar, e sendo
Graças por Ana, já entendo,
que quem logra a sorte ufana
de estar vendo a Mariana
um mar de graça está vendo.

TORNA O POETA A INSTAR SEGUNDA VEZ.

1   Bela Floralva, se Amor
me fizera abelha um dia,
todo esse dia estaria
picado na vossa flor:
e quando o vosso rigor
quisestes dar-me de mão
por guardar a flor, então
tão abelhudo eu andara,
que em vós logo me vingara
com vos meter o ferrão.

2   Se eu fora a vosso vergel,
e na vossa flor picara,
um favo de mel formara
mais doce, que o mesmo mel:
mas como vós sois cruel,
e de natural castiço
deixais entrar no caniço
um Zangano comedor,
que vos rouba o mel, e a flor,
e a mim o vosso cortiço.

A MESMA CUSTÓDIA MOSTRA A DIFERENÇA QUE HÁ ENTRE AMAR, E QUERER.

Sabei, Custódia, que Amor
inda que tirano, é rei,
faz leis, e não guarda lei,
qual soberano Senhor.

E assim eu quando vos peço,
que talvez vos chego a olhar,
as leis não posso guardar,
que temos de parentesco:

Que vossa boca tão bela
tanto a amar-vos me provoca,
que por lembrar-me da boca,
me esqueço da parentela.

Mormente considerada
vossa consciência algum dia,
que nenhum caso faria
de ser filha, ou enteada.

Dera-vos pouco cuidado
então ser eu vosso assim,
e anda hoje para mim
vós, e o mundo concertado

Mas eu amo sem confiança
nos prêmios do pretendente,
amo-vos tão puramente,
que nem peco na esperança.

Beleza, e graciosidade
rendem à força maior,
mas eu se vos tenho amor,
tenho amor, e não vontade.

Como nada disso ignoro,
quisera, pois vos venero,
que entendais, que vos não quero,
e saibais, que vos adoro.

Amar, e querer, Custódia;
soam quase o mesmo fim,
mas diferem quanto a mim,
e quanto à minha paródia.

O querer é desejar,
a palavra o está expressando:
quem diz quer, está mostrando
a cobiça de alcançar.

Vi, e quis, segue-se logo,
que o meu coração aspira
o lograr o bem, que vira,
dando à pena um desafogo.

Quem diz, que quer, vai mostrando,
que tem ao prêmio ambição,

e finge uma adoração
um sacrilégio ocultando.

Vil afeto, que ao intento
foge com néscia confiança,
pois guia para a esperança
os passos do rendimento.

Quão generoso parece
o contrário amor: pois quando
está o rigor suportando,
nem penas crê, que merece.

Amar o belo é ação
que toca ao conhecimento
ame-se co entendimento,
sem outra humana paixão.

Quem à perfeição atento
adora por perfeição
faz, que a sua inclinação
passe por entendimento.

Amor generoso tem
o amor por alvo melhor
sem cobiça, ao que é favor,
sem temor, ao que é desdém.

Amor ama, amor padece
sem prêmio algum pretender,
e anelando a merecer
não lhe lembra, o que merece.

Custódia, se eu considero,
que o querer é desejar,
e amor é perfeito amar,
eu vos amo, e não vos quero.

Porém já vou acabando,
por nada ficar de fora
digo, que quem vos adora,
vos pode estar desejando.

RETRATA O POETA AS PERFEIÇÕES DESTA DAMA
[BRITES] COM GALHARDO ASSEIO.

1   Podeis desafiar com bizarria
    Só por só, cara a cara a bela Aurora,
    Que a Aurora não só cara vos faria
    Vendo tão boa cara em vós, Senhora:
    Senhora sois do sol, e luz do dia,
    Do dia, que nascestes até agora,
    Que se Aurora foi luz por uma estrela,
    Duas tendes em vós, a qual mais bela.

2   Sei, que o sol vos daria o seu tesouro
    Pelo negro gentil desse cabelo
    Tão belo, que em ser negro foi desdouro
    Do sol, que por ser d'ouro foi tão belo:

Bela sois, e sois rica sem ter ouro
Sem ouro haveis ao sol de convencê-lo,
Que se o sol por ter ouro é celebrado,
Sem ter ouro esse negro é adorado.

3   Vão os olhos, Senhora, estais atento;
Sabeis os vossos olhos o que são?
São de todos os olhos um portento,
Um portento de toda a admiração[50]:
Admiração do sol, e seu contento,
Contento, que me dá consolação,
Consolação, que mata o bom desejo,
Desejo, que me mata, quando os vejo.

4   A boca para cravo é pequenina,
Pequenina sim é, será rubi,
Rubi não tem a cor tão peregrina,
Tão peregrina cor eu a não vi:
Vi a boca, julguei-a por divina,
Divina não será, eu não o cri:
Mas creio, que não quer a vossa boca
Por rubi, nem por cravo fazer troca.

5   Ver o aljôfar nevado, que desata,
A Aurora sobre a gala do rosal,
Ver em rasgos de nácar tersa prata,
E pérolas em concha de coral:
Ver diamantes em golpe de escarlata
Em picos de rubi puro cristal,

---

50 UM PORTENTO DE TODA A ADMIRAÇÃO a partir desse verso, o poeta retoma, no início do verso seguinte, sempre a palavra com que terminou o verso anterior. Trata-se de figura de linguagem conhecida como anadiplose.

É ver os vossos dentes de marfim
Por entre os belos lábios de carmim.

6   No peito desatina o Amor cego
    Cego só pelo amor do vosso peito,
    Peito, em que o cego Amor não tem sossego,
    Só cego por não ver-lhe amor perfeito:
    Perfeito, e puro amor em tal emprego
    Emprego assemelhando à causa efeito,
    Efeito, que é mal feito ao dizer mais,
    Quando chega o amor a extremos tais.

7   Tanto se preza o Amor do vosso amor,
    Que mais prazer o tem em amor tanto,
    Tanto, que diz o Amor, que outro maior
    Não teve por amor, nem por encanto:
    Encanto é ver o amor em tal ardor,
    Que arde tão bem o peito, por espanto,
    Tendo de vivo fogo por sinal
    Duas vivas empolas de cristal.

8   Ao dizer das mãos não me aventuro,
    Que a ventura das mãos a tudo mata,
    Mata Amor nessas mãos já tão seguro,
    Que tudo as mãos lavadas desbarata:
    A cuja neve, prata, e cristal puro
    Se apurou o cristal, a neve a prata
    Belíssimas pirâmides formando
    Onde Amor vai as almas sepultando.

9   Descrever a cintura não me atrevo,
    Porque a vejo tão breve, e tão sucinta,

Que em vê-la me suspendo, e me elevo,
por não ver até agora melhor cinta:
Mas porque siga o estilo, que aqui levo,
Digo, que é a vossa cinta tão distinta,
Que o Céu se fez azul de formosura,
Só para cinto ser de tal cintura.

10 Vamos já para o pé: mas tate-tate,
Que descrever um pé tão peregrino,
Se loucura não é, é desbarate,
Desbarate, que passa o desatino:
A que me desatina, me dá mate
O picante de pé tão pequenino,
Que pé tomar não posso em tal pegada,
Pois é tal vosso pé, que em pontos nada.

RETRATA O POETA AS GALHARDAS PERFEIÇÕES DESTA DAMA SEM HIPÉRBOLE DE ENCARECIMENTO.

Retratar ao bizarro
quero Joanica,
por ser Moça, galharda
sobre bonita.

Que os cabelos são d'ouro,
não se duvida,
porque o Sol é Joana,
que o certifica.

São seus olhos por claros
alvas do dia,
que põem de ponto em branco[51]
a rapariga.

Certo dia encontrei,
que alegre ria,
mas não vi, que de prata
os dentes tinha.

---

51 PONTO EM BRANCO é, para James Amado, "o ponto em que a bala, após elevar-se, atinge o alvo em sua linha horizontal" (MATOS, Gregório de. *Crônica do viver baiano seiscentista*. Obra poética completa. Códice James Amado. Edição James Amado. 4. ed. Rio de Janeiro: Record, 1999. v. II. p. 809).

Por entre eles a língua
mal se divisa,
mas é certo, que fala
como entendida.

A boquinha benfeita,
e pequenina
a pedir vem de boca
por bonitinha.

Que tem mãos liberais,
quem o duvida
que as mãos sempre lavadas
dá como rica.

Da camisa o cambrai
tem rendas finas,
e eu lá vi, que os peitinhos
me davam figas.

Ser de peito atacado
me parecia
porque muito delgada
a cinta tinha.

Com um guarda-pé[52] verde
os pés cobria,
sendo que tomou pé
para ser vista.

Sim julguei, que pequenos
os pés teria,
quando vi que de firme
mui pouco tinha.

E com isto vos juro
minha Menina,
que vos quero, e vos amo
por minha vida.

---

52 GUARDA-PÉ saiote, anágua.

DESCREVE O QUE ERA REALMENTE NAQUELE TEMPO A CIDADE DA BAHIA DE MAIS ENREDADA POR MENOS CONFUSA.

A cada canto um grande conselheiro,
Que nos quer governar a cabana, e vinha,
Não sabem governar sua cozinha,
E podem governar o mundo inteiro.

Em cada porta um frequentado olheiro,
Que a vida do vizinho, e da vizinha
Pesquisa, escuta, espreita, e esquadrinha,
Para a levar à Praça, e ao Terreiro[53].

Muitos Mulatos desavergonhados,
Trazidos pelos pés os homens nobres,
Posta nas palmas toda a picardia.

Estupendas usuras nos mercados,
Todos, os que não furtam, muito pobres,
E eis aqui a cidade da Bahia.

---

53 PARA A LEVAR À PRAÇA, E AO TERREIRO praça e terreiro referem-se à Praça da Sé e ao Terreiro de Jesus, conhecido assim por estar localizado em frente à Igreja dos Jesuítas, atual Catedral Basílica de Salvador.

À CIDADE E ALGUNS PÍCAROS, QUE HAVIA NELA.

Quem cá quiser viver, seja um Gatão[54],
Infeste toda a terra, invada os mares,
Seja um Chegai, ou um Gaspar Soares[55],
E por si terá toda a Relação[56].

Sobejar-lhe-á na mesa vinho, e pão,
E siga, os que lhe dou, por exemplares,
Que a vida passará sem ter pesares,
Assim como os não tem Pedro de Unhão[57]

---

54 GATÃO na suposição de Francisco Topa, o poeta "[...] se refere a Manuel Borba Gato, bandeirante do século XVII que, partindo de São Paulo, achou e explorou uma série de jazidas de ouro na zona de Minas Gerais. Devido a um episódio sangrento que o colocou sob a ameaça da justiça, viveu cerca de duas décadas afastado da civilização. Acabaria por ser reabilitado, em troca de informações sobre a localização das minas descobertas" (TOPA, op. cit., p. 369).

55 GASPAR SOARES bandeirante que descobriu ouro, no início do século XVIII, em Minas Gerais, na região em que fica o morro que recebeu o seu nome. "O Rancho do Morro de Gaspar Soares, fica perto do Arraial do Morro de Gaspar Soares, cujo nome procede de seu primeiro possuidor, que, nessas redondezas, lavrara ouro, que antigamente aqui se extraía em grande quantidade." (POHL, Johann Emanuel. *Viagem no interior do Brasil*. Trad. de Milton Amado e Eugênio Amado. São Paulo: Editora da Universidade de São Paulo, 1976. p. 373).

56 RELAÇÃO, segundo Rafael Bluteau, é o "Tribunal, em que se ministra justiça. Responde aos Conventos jurídicos dos Romanos, e ao que os franceses chamam Parlamento. Tem o Reino de Portugal duas Relações, uma na Cidade do Porto, que de mais do Governador dela, consta de vinte e quatro Desembargadores, na qual fenecem as causas até cem mil réis; e sendo de maior importância, tem recurso por apelação para a de Lisboa." (Disponível em: <www.brasiliana.usp.br/bbd/handle/1918/002994-07#page/213/mode/1up>. Acesso em: 8 abr. 2012. A ortografia foi atualizada).

57 PEDRO DE UNHÃO desembargador Pedro de Unhão Castelo Branco que, segundo Luís dos Santos Vilhena, "serviu de Provedor de capelas, e resíduos, defuntos, e ausentes, e Ouvidor da comarca por Provisão Real de 24 de março de 1687" (VILHENA, L. dos S. *A Bahia no século XVII*. Salvador: Itapuã, 1969. v. 2. p. 314).

Quem cá se quer meter a ser sisudo
Nunca lhe falta um Gil, que o persiga,
E é mais aperreado que um cornudo.

Furte, coma, beba, e tenha amiga,
Porque o nome d'El-Rei dá para tudo
A todos, que El-Rei trazem na barriga.

FINGINDO O POETA QUE ACODE PELAS HONRAS DA CIDADE, ENTRA A FAZER JUSTIÇA EM SEUS MORADORES, ASSINALANDO-LHES OS VÍCIOS, EM QUE ALGUNS DELES DEPRAVAVAM.

1   Uma cidade tão nobre,
    uma gente tão honrada
    veja-se um dia louvada
    desde o mais rico ao mais pobre:
    Cada pessoa o seu cobre,
    mas se o diabo me atiça,
    que indo a fazer-lhe justiça,
    algum saia a justiçar,
    não me poderão negar,
    que por direito, e por Lei
    esta é a justiça, que manda El-Rei.

2   O Fidalgo de solar
se dá por envergonhado
de um tostão pedir prestado
para o ventre sustentar:
diz, que antes o que furtar
por manter a negra honra,
que passar pela desonra,
de que lhe neguem talvez;
mas se o virdes nas galés
com honras de Vice-Rei,
esta é a justiça, que manda El-Rei.

3   A Donzela embiocada
mal trajada, e mal comida,
antes que na sua vida
ter saia, que ser honrada:
à pública amancebada
por manter a negra honrinha,
e se lho sabe a vizinha,
e lho ouve a clerezia
dão com ela na enxovia,
e paga a pena de lei:
esta é a justiça, que manda El-Rei.

4   A casada com adorno,
e o Marido mal vestido
cede, que este mal Marido
penteia monho de corno:
se disser pelo contorno,
que se sofre a Fr. Tomás,
por manter a honra o faz,
esperai pela pancada,

que com a carocha pintada
de Angola há de ser Visrei:
esta é a justiça, que manda El-Rei.

5   Os Letrados Peralvilhos
citando o mesmo Doutor
a fazer de Réu, o Autor
comem de ambos os carrilhos[58]:
se se diz pelos corrilhos
sua prevaricação,
a desculpa, que lhe dão,
é a honra de seus parentes
e entonces os requerentes,
fogem desta infame grei:
esta é a justiça, que manda El-Rei.

6   O Clérigo julgador,
que as causas julga sem pejo,
não reparando, que eu vejo,
que erra a Lei, e erra o Doutor:
quando veem de Monsenhor
a Sentença Revogada
por saber, que foi comprada
pelo jimbo, ou pelo abraço,
responde o Juiz madraço,
minha honra é minha Lei:
esta é a justiça, que manda El-Rei.

7   O Mercador avarento,
quando a sua compra estende,

---

58 COMEM DE AMBOS OS CARRILHOS, ou seja, recebem dinheiro tanto do autor quanto do réu no processo.

no que compra, e no que vende,
tira duzentos por cento:
não é ele tão jumento,
que não saiba, que em Lisboa
se lhe há de dar na gamboa;
mas comido já o dinheiro
diz, que a honra está primeiro,
e que honrado a toda Lei:
esta é a justiça, que manda El-Rei.

8 A Viúva autorizada,
que não possui um vintém,
porque o Marido de bem
deixou a casa empenhada:
ali vai a fradalhada,
qual formiga em correição,
dizendo, que à casa vão
manter a honra da casa,
se a virdes arder em brasa,
que ardeu a honra entendei:
esta é a justiça, que manda El-Rei.

9 O Adônis[59] da manhã,
o Cupido[60] em todo o dia,
que anda correndo a Coxia
com recadinhos da Irmã:
e se lhe cortam a lã,
diz, que anda naquele andar
por a honra conservar

---

59 ADÔNIS, na mitologia grega, jovem de grande beleza.
60 CUPIDO na mitologia romana, deus do amor.

bem tratado, e bem-vestido,
eu o verei tão despido,
que até as costas lhe verei:
esta é a justiça, que manda El-Rei.

10   Se virdes um Dom Abade
sobre o público cioso,
não lhe chameis Religioso,
chamai-lhe embora de Frade:
e se o tal Paternidade
rouba as rendas do Convento
para acudir ao sustento
da puta, como da peita,
com que livra da suspeita
do Geral, do Viso-Rei[61]:
esta é a justiça, que manda El-Rei.

---

61 VISO-REI vice-rei.

DEFINE A SUA CIDADE.

MOTE

De dous ff se compõe
Esta cidade a meu ver
Um furtar, outro foder.

1   Recopilou-se o direito,
     e quem o recopilou
     com dous ff o explicou
     por estar feito, e benfeito:
     por bem Digesto, e Colheito
     só com dous ff o expõe,
     e assim quem os olhos põe
     no trato, que aqui se encerra,
     há de dizer, que esta terra
     De dous ff se compõe.

2   Se de dous ff composta
     está a nossa Bahia,
     errada a ortografia
     a grande dano está posta:
     eu quero fazer aposta,
     e quero um tostão perder,

que isso a há de perverter,
se o *furtar* e o *foder* bem
não são os ff que tem
Esta cidade a meu ver.

3   Provo a conjetura já
prontamente como um brinco:
Bahia tem letras cinco
que são B-A-H-I-A:
logo ninguém me dirá
que dous ff chega a ter,
pois nenhum contém sequer,
salvo se em boa verdade
são os ff da cidade
um furtar, outro foder.

QUEIXA-SE A BAHIA POR SEU BASTANTE PROCURADOR, CONFESSANDO, QUE AS CULPAS, QUE LHE INCREPAM, NÃO SÃO SUAS, MAS SIM DOS VICIOSOS MORADORES, QUE EM SI ALBERGA.

Já que me põem a tormento
murmuradores nocivos,
carregando sobre mim
suas culpas, e delitos:
Por crédito de meu nome,
e não por temer castigo
confessar quero os pecados,
que faço, e que patrocino.
E se alguém tiver a mal
descobrir este sigilo,
não me infame, que eu serei
pedra em poço, ou seixo em rio.
Sabei, céu, sabei, estrelas,
escutai, flores, e lírios,
montes, serras, peixes, aves
luz, sol, mortos, e vivos:
Que não há, nem pode haver
desde o Sul ao Norte frio
cidade com mais maldades,
nem província com mais vícios:
Do que sou eu, porque em mim
recopilados, e unidos

estão juntos, quantos têm
mundos, e reinos distintos.
Tenho Turcos, tenho Persas
homens de nação Impios
Magores, Armênios, Gregos,
infiéis, e outros gentios.
Tenho ousados Mermidônios[62],
tenho Judeus, tenho Assírios,
e de quantas castas há,
muito tenho, e muito abrigo.
E se não digam aqueles
prezados de vingativos,
que santidade têm mais,
que um Turco, e um Moabito[63]?
Digam Idólatras falsos,
que estou vendo de contino[64],
adorarem ao dinheiro,
gula, ambição, e amoricos.
Quantos com capa cristã
professam o judaísmo,
mostrando hipocritamente
devoção à Lei de Cristo!
Quantos com pele de ovelha
são lobos enfurecidos,
ladrões, falsos, e aleivosos,
embusteiros, e assassinos!
Estes por seu mau viver
sempre péssimo, e nocivo

---

62 MERMIDÔNIOS mirmídones ou mirmidões, antigo povo do Sul da Tessália, do qual se originava Aquiles, um dos guerreiros de *Ilíada*, de Homero.
63 MOABITO moabita, habitante do reino de Moab, localizado onde hoje é a Jordânia.
64 DE CONTINO de contínuo, continuamente, frequentemente.

são, os que me acusam de danos,
e põem labéus inauditos.
Mas o que mais me atormenta,
é ver, que os contemplativos,
sabendo a minha inocência,
dão a seu mentir ouvidos.
Até os mesmos culpados
têm tomado por capricho,
para mais me difamarem,
porem pela praça escritos.
Onde escrevem sem vergonha
não só brancos, mas mestiços,
que para os bons sou inferno,
e para os maus paraíso.
Ó velhacos insolentes,
ingratos, mal procedidos,
se eu sou essa, que dizeis,
porque não largais meu sítio?
Por que habitais em tal terra,
podendo em melhor abrigo?
eu pego em vós? eu vos rogo?
respondei! dizei, malditos!
Mandei acaso chamar-vos
ou por carta, ou por aviso?
não viestes para aqui
por vosso livre alvedrio?
A todos não dei entrada,
tratando-vos como a filhos?
que razão tendes agora
de difamar-me atrevidos?
Meus males, de quem procedem?
não é de vós? claro é isso:

que eu não faço mal a nada
por ser terra, e mato arisco.
Se me lançais má semente,
como quereis fruito limpo?
lançai-a boa, e vereis,
se vos dou cachos opimos.
Eu me lembro, que algum tempo
(isto foi no meu princípio)
a semente, que me davam,
era boa, e de bom trigo.
Por cuja causa meus campos
produziam pomos lindos,
de que ainda se conservam
alguns remotos indícios.
Mas depois que vós viestes
carregados como ouriços
de sementes invejosas,
e legumes de maus vícios:
Logo declinei convosco,
e tal volta tenho tido,
que, o que produzia rosas,
hoje só produz espinhos.
Mas para que se conheça
se falo verdade, ou minto,
e quanto os vossos enganos
têm difamado o meu brio:
confessar quero de plano,
o que encubro por servir-vos
e saiba, quem me moteja,
os prêmios, que ganho nisso.
Já que fui tão pouco atenta,
que a luz da razão, e o siso

não só quis cegar por gosto,
mas ser do mundo ludíbrio.
Vós me ensinastes a ser
das inconstâncias arquivo,
pois nem as pedras, que gero,
guardam fé aos edifícios.
Por vosso respeito dei
campo franco, e grande auxílio
para que se quebrantassem
os mandamentos divinos.
Cada um por suas obras
conhecerá, que meu xingo,
sem andar excogitando,
para quem se aponta o tiro.

PRECEITO 1

Que de quilombos que tenho
com mestres superlativos,
nos quais se ensinam de noite
os calundus[65], e feitiços.
Com devoção os frequentam
mil sujeitos femininos,
e também muitos barbados,
que se presam de narcisos.
Ventura dizem, que buscam;
não se viu maior delírio!
eu, que os ouço, vejo, e calo
por não poder diverti-los.
O que sei, é, que em tais danças
Satanás anda metido,

---

65 CALUNDUS festas de caráter religioso, acompanhadas de canto, dança e batuque.

e que só tal padre-mestre
pode ensinar tais delírios.
Não há mulher desprezada,
galã desfavorecido,
que deixe de ir ao quilombo
dançar o seu bocadinho.
E gastam pelas patacas
com os mestres do cachimbo,
que são todos jubilados
em depenar tais patinhos.
E quando vão confessar-se,
encobrem aos Padres isto,
porque o têm por passatempo,
por costume, ou por estilo.
Em cumprir as penitências
rebeldes são, e remissos,
e muito pior se as tais
são de jejuns, e cilícios.
A muitos ouço gemer
com pesar muito excessivo,
não pelo horror do pecado,
mas sim por não consegui-lo.

PRECEITO 2

No que toca aos juramentos,
de mim para mim me admiro
por ver a facilidade,
com que os vão dar juízo.
Ou porque ganham dinheiro,
por vingança, ou pelo amigo,
e sempre juram conformes,
em discreparem do artigo.

Dizem, que falam verdade,
mas eu pelo que imagino,
nenhum, creio, que a conhece,
nem sabe seus aforismos.
Até nos confessionários
se justificam mentindo
com pretextos enganosos,
e com rodeios fingidos.
Também aqueles, a quem
dão cargos, e dão ofícios,
suponho, que juram falso
por consequências, que hei visto.
Prometem guardar direito,
mas nenhum segue este fio,
e por seus rodeios tortos
são confusos labirintos.
Honras, vidas, e fazendas
vejo perder de contino,
por terem como em viveiro
estes falsários metidos.

PRECEITO 3

Pois no que toca a guardar
dias Santos, e Domingos:
ninguém vejo em mim, que os guarde,
se tem, em que ganhar jimbo.
Nem aos míseros escravos
dão tais dias de vazio,
porque nas leis do interesse,
é preceito proibido.
Quem os vê ir para o templo
com as contas e os livrinhos

de devoção, julgará,
que vão p'ra ver a Deus Trino:
Porém tudo é mero engano,
porque se alguns escolhidos
ouvem missa, é perturbados
desses, que vão por ser vistos.
E para que não pareça,
aos que escutam, o que digo,
que há mentira, no que falo
com a verdade me explico:
Entra um destes pela Igreja,
sabe Deus com que sentido,
e faz um sinal da cruz
contrário ao do catecismo.
Logo se põe de joelhos,
não como servo rendido,
mas em forma de besteiro
cum pé no chão, outro erguido.
Para os altares não olha,
nem para os Santos no nicho,
mas para quantas pessoas
vão entrando, e vão saindo.
Gastam nisto o mais do tempo,
e o que resta divertidos
se põem em conversação,
com os que estão mais propínquos
Não contam vidas de Santos,
nem exemplos ao divino,
mas sim muita patarata,
do que não há, nem tem sido.
Pois se há sermão, nunca o ouvem,
porque ou se põem de improviso

a cochilar como negros,
ou se vão escapulindo.
As tardes passam nos jogos,
ou no campo divertidos
dando Leis, e dando arbítrios.
As mulheres são piores,
porque se lhes faltam brincos
manga a volá[66], broche, troço,
ou saia de labirintos,
não querem ir para a Igreja,
seja o dia mais festivo,
mas em tendo essas alfaias,
saltam mais do que cabritos.
E se no Carmo repica,
ei-las lá vão rebolindo,
o mesmo para São Bento,
Colégio, ou São Francisco.
Quem as vir muito devotas,
julgará sincero, e liso,
que vão na missa, e sermão
a louvar a Deus com hinos.
Não quero dizer, que vão,
por dizer mal do Maridos,
aos amantes, ou talvez
cair em erros indignos.
Debaixo do parentesco,
que fingem pelo apelido,
mandando-lhes com dinheiro
muitos, e custosos mimos.

---

66 MANGA A VOLÁ, segundo James Amado, "[...] manga com véu (do francês *voilée*)" (MATOS, Gregório de. *Crônica do viver baiano seiscentista. Obra poética completa*. 4. ed. Códice James Amado. Edição James Amado. Rio de Janeiro: Record, 1999. v. I. p. 45).

PRECEITO 4

Vejo, que morrem de fome
os Pais daquelas, e os Tios,
ou porque os veem Lavradores,
ou porque tratam de ofícios.
Pois que direi dos respeitos,
com que os tais meus mancebinhos
tratam esses Pais depois
que deixam de ser meninos?
Digam-no quantos o veem,
que eu não quero repeti-lo,
a seu tempo direi como
criam estes morgadinhos.
Se algum em seu testamento
cerrado, ou nuncupativo[67]
a algum parente encarrega
sua alma, ou legados pios:
Trata logo de enterrá-lo
com demonstrações de amigo,
mas passando o Requiescat[68]
tudo se mate no olvido.
Da fazenda tomam posse
até do menor caquinho;
mas para cumprir as deixas
adoecem de fastio.
E desta omissão não fazem
escrúpulo pequenino,
nem se lhes dá, que o defunto

---

67 CERRADO, OU NUNCUPATIVO formas de testamento: cerrado, fechado, feito por escrito, só será aberto após a morte do testador; nuncupativo feito oralmente, geralmente no leito de morte.
68 REQUIESCAT palavra latina que significa descansa; é parte da expressão latina *requiescat in pace* (descansa em paz).

arda, ou pene em fogo ativo.
E quando chega a apertá-los
o tribunal dos resíduos,
ou mostram quitações falsas,
ou movem pleitos renhidos.
Contados são, os que dão
a seus escravos ensino,
e muitos nem de comer,
sem lhes perdoar serviço.
Oh quantos, e quantos há
de bigode fernandino[69],
que até de noite às escravas
pedem selários indignos,
Pois no modo de criar
aos filhos parecem símios,
causa por que os não respeitam,
depois que se veem crescidos.
Criam-nos com liberdade
nos jogos, como nos vícios,
persuadindo-lhes, que saibam
tanger guitarra, e machinho.
As Mães por sua imprudência
são das filhas desperdício,
por não haver refestela,
onde as não levem consigo.
E como os meus ares são
muito coados, e finos,
se não há grande recato,
têm as donzelas perigo.

---

69 BIGODE FERNANDINO conforme James Amado, "[...] bigode espesso e grande. Relativo a dom Fernando I, rei de Portugal de 1345 a 1383" (MATOS, Gregório de. *Crônica do viver baiano seiscentista. Obra poética completa*. Códice e edição James Amado. 4. ed., Rio de Janeiro: Record, 1999. v. I, p. 47).

Ou as quebranta de amores
o ar de algum recadinho,
ou pelo frio da barra
saem co ventre crescido.
Então vendo-se opiladas,
se não é do santo vínculo,
para livrarem do achaque,
buscam certos abortinhos.
Cada dia o estou vendo,
e com ser isto sabido,
contadas são, as que deixam
de amar estes precipícios.
Com o dedo a todas mostro,
quanto indica o vaticínio,
e se não querem guardá-lo,
não culpam meu domicílio.

PRECEITO 5

Vamos ao quinto preceito,
Santo Antônio vá comigo,
e me depare algum meio,
para livrar do seu risco.
Porque suposto que sejam
quietos, mansos, benignos,
quantos pisam meus oiteiros,
montes, vales, e sombrios;
Pode suceder, que esteja
algum áspide escondido
entre as flores, como diz
aquele provérbio antigo[70].

---

70 PROVÉRBIO ANTIGO alusão a verso da obra *Bucólica*, do poeta latino Virgílio: *latet anguis in herba* (na relva se esconde uma serpente).

Faltar não quero à verdade
nem dar ao mentir ouvidos,
o de César dê-se a César,
o de Deus a Jesus Cristo.
Não tenho brigas, nem mortes
pendências, nem arruídos,
tudo é paz, tranquilidade,
cortejo com regozijo:
Era dourada parece,
mas não é como eu a pinto
porque debaixo deste ouro
tem as fezes escondido.
Que importa não dar aos corpos
golpes, catanadas, tiros,
e que só sirvam de ornato
espada, e cotós limpos?
Que importa, que não se enforquem
os ladrões, e os assassinos,
os falsários, maldizentes,
e outros a este tonilho?
Se debaixo desta paz,
deste amor falso, e fingido
há fezes tão venenosas,
que o ouro é chumbo mofino
É o amor um mortal ódio,
sendo todo o incentivo
a cobiça do dinheiro,
ou a inveja dos ofícios.
Todos pecam no desejo
de querer ver seus patrícios
ou da pobreza arrastados,
ou do crédito abatidos.

E sem outra cousa mais
se dão a destro, e sinistro[71]
pela honra, e pela fama
golpes cruéis, e infinitos.
Nem ao sagrado perdoam,
seja Rei, ou seja Bispo,
ou Sacerdote, ou Donzela
metida no seu retiro.
A todos enfim dão golpes
de enredos, e mexericos
tão cruéis, e tão nefandos,
que os despedaçam em cisco.
Pelas mãos nada; porque
não sabem obrar no quinto;
mas pelas línguas não há
leões mais enfurecidos.
E destes valentes fracos
nasce todo o meu martírio;
digam todos, os que me ouvem,
se falo a verdade, ou minto.

PRECEITO 6

Entremos pelos devotos
do nefando Deus Cupido,
que também esta semente
não deixa lugar vazio.
Não posso dizer, quais são
por seu número infinito,
mas só digo, que são mais
do que as formigas, que crio.

---

71 A DESTRO, E A SINISTRO à direita e à esquerda.

Seja solteiro, ou casado,
é questão, é já sabido
não estar sem ter borracha[72]
seja do bom, ou mau vinho.
Em chegando a embebedar-se
de sorte perde os sentidos.
que deixa a mulher em couros[73],
e traz os filhos famintos:
Mas a sua concubina
há de andar como um palmito,
para cujo efeito empenham
as botas com seus atilhos.
Elas por não se ocuparem
com costuras, nem com bilros,
antes de chegar aos doze
vendem o signo de Virgo.
Ouço dizer vulgarmente
(não sei, é certo este dito)
que fazem pouco reparo
em ser caro, ou baratinho.
O que sei é, que em magotes
de duas, três, quatro, cinco
as vejo todas as noites
sair de seus esconderijos
E como há tal abundância
desta fruita no meu sítio,
para ver se há, quem as compre,
dão pelas ruas mil giros.

---

72 BORRACHA, de acordo com James Amado, "[...] saco bojudo de couro, para conter líquidos, em especial vinho. Entenda-se, pois: estar embriagado" (MATOS, Gregório de. *Crônica do viver baiano seiscentista. Obra poética completa*. 4. ed. Códice e edição James Amado. Rio de Janeiro: Record, 1999. v. I. p. 49).

73 EM COUROS nua e, por extensão, na miséria.

E é para sentir, o quanto
se dá Deus por ofendido
não só por este pecado,
mas pelos seus conjuntivos:
como são cantigas torpes,
bailes, e toques lascivos,
venturas, e fervedouros,
pau de forca, e pucarinhos.
Quero entregar ao silêncio
outros excessos malditos,
como do Pai carumbá,
Ambrósio, e outros pretinhos.
Com os quais estas formosas
vão fazer infames brincos
governados por aqueles,
que as trazem num cabrestinho.

PRECEITO 7

Já pelo sétimo entrando
sem alterar o tonilho,
digo, que quantos o tocam
sempre o tiveram por crítico
Eu sou, a que mais padeço
de seus efeitos malignos,
porque todos meus desdouros
pelo sétimo têm vindo.
Não falo (como lá dizem)
ao ar, ou libere dicto[74],
pois diz o mundo loquaz,
que encubro mil latrocínios

---
74 LIBERE DICTO expressão latina que significa dito livremente.

Se é verdade, eu o não sei,
pois acho implicância nisto
porque o furtar tem dous verbos
um furor, outro surrípio[75].
Eu não vejo cortar bolsas,
nem sair pelos caminhos,
como fazem nas mais partes
salvo alguns negros fugidos.
Vejo, que a forca, ou picota
paga os altos do vazio,
e que o carrasco não ganha
nem dous réis para cominhos[76].
Vejo, que nos tribunais
há vigilantes Ministros,
e se houvera em mim tal gente
andara à soga em contino.
Porém se disto não há,
com que razão, ou motivo
dizem por aí, que sou
um covil de Latrocínios!
Será por verem, que em mim
é venerado, e querido
Santo Unhate, irmão de Caco[77],
porque faz muitos prodígios.
Sem questão deve de ser,
porque este Unhate maldito
faz uns milagres, que eu mesma

---

75 UM FUROR, OUTRO SURRÍPIO. Furor e surrípio são verbos latinos que originaram os verbos furtar e surrupiar, em português.

76 COMINHO dinheiro.

77 CACO, na mitologia romana, filho de Vulcano, o deus do fogo. Ficou conhecido por ter furtado de Hércules algumas cabeças dos bois de Gerião, cujo roubo consistia num dos doze trabalhos do herói. Descoberto o furto, Hércules matou Caco.

não sei, como tenho tino.
Pode haver maior milagre
(ouça bem quem tem ouvidos)
do que chegar um Reinol
de Lisboa, ou lá do Minho
ou degredado por crimes
ou por Moço ao Pai fugido,
ou por não ter que comer
no Lugar, onde é nascido:
E saltando no meu cais
descalço, roto, e despido,
sem trazer mais cabedal,
que piolhos, e assobios:
Apenas se ofrece a Unhate
de guardar seu compromisso,
tomando com devoção
sua regra, e seu bentinho:
Quando umas casas aluga
de preço, e valor subido,
e se põe em tempo breve
com dinheiro, e com navios?
Pode haver maior portento,
nem milagre encarecido,
como de ver um Mazombo
destes cá do meu pavio,
que sem ter eira, nem beira
engenho, ou juro sabido
tem amiga, e joga largo
veste sedas, põe polvilhos[78]?
Donde lhe vem isto tudo?

---

78 PÕE POLVILHOS nos cabelos, pois era elegante, na época, empoar os cabelos.

Cai do Céu? Tal não afirmo;
ou Santo Unhate Iho dá,
ou do Calvário é prodígio.
Consultam agora os sábios,
que de mim fazem corrilhos
se estou ilesa da culpa,
que me dão sobre este artigo.
Mas não quero repetir
a dor e o pesar, que sinto
por dar mais um passo avante
para o oitavo suplício.

PRECEITO 8

As culpas, que me dão nele,
são, que em tudo o que digo,
me aparto do verdadeiro
com ânimo fementido.
Muito mais é, do que falo,
mas é grande barbarismo,
quererem, que pague a albarda,
o que comete o burrinho.
Se por minha desventura
estou cheia de percitos,
como querem, que haja em mim
fé, verdade, ou falar liso?
Se como atrás declarei,
se pusera cobro nisto,
a verdade aparecera
cruzando os braços comigo.
Mas como dos tribunais
proveito nenhum se há visto,
a mentira está na terra,

a verdade vai fugindo.
O certo é, que os mais deles
têm por gala, e por capricho
não abrir a boca nunca
sem mentir de fito a fito[79].
Deixar quero os pataratas,
e tornando a meu caminho,
quem quiser mentir o faça,
que me não toca impedi-lo.

PRECEITO 9

Do nono não digo nada,
porque para mim é vidro,
e quem o quiser tocar,
vá com o olho sobreaviso.
Eu bem sei, que também trazem
o meu crédito perdido,
mas valha sem sê-lo ex causa[80],
ou lhos ponham seus maridos.
Confesso, que tenho culpas,
porém humilde confio,
mais que em riquezas do mundo,
da virtude num raminho.

PRECEITO 10

Graças a Deus que cheguei
a coroar meus delitos
com o décimo preceito,
no qual tenho delinquido.

---

79 DE FITO A FITO fixamente, sem desviar a atenção.
80 EX CAUSA expressão latina que significa por causa.

Desejo, que todos amem,
seja pobre, ou seja rico,
e se contentem com a sorte,
que têm, e estão possuindo.
Quero finalmente, que
todos, quantos têm ouvido,
pelas obras, que fizerem,
vão para o Céu direitinhos.

TORNA A DEFINIR O POETA OS MAUS MODOS DE OBRAR NA GOVERNANÇA DA BAHIA, PRINCIPALMENTE NAQUELA UNIVERSAL FOME, QUE PADECIA A CIDADE.[81]

1 Que falta nesta cidade?.......... Verdade
   Que mais por sua desonra....... Honra
   Falta mais que se lhe ponha......Vergonha.

   O demo a viver se exponha,
   por mais que a fama a exalta,
   numa cidade, onde falta
   Verdade, Honra, Vergonha.

---

81 POEMA estruturado em nove grupos compostos de duas estrofes cada um, a primeira delas com três versos, de rimas internas, em eco, e a segunda com quatro versos de sete sílabas (heptassílabos), o último dos quais recolhe as palavras rimadas nos versos da estrofe inicial, em um procedimento poético denominado disseminação e recolha (o poeta dissemina algumas palavras ao longo do poema e recolhe-as em um verso no final).

2   Quem a pôs neste socrócio[82]?.......... Negócio
    Quem causa tal perdição?.............. Ambição
    E o maior desta loucura?................ Usura.

>   Notável desaventura
>   de um povo néscio, e sandeu,
>   que não sabe, que o perdeu
>   Negócio, Ambição, Usura.

3   Quais são os seus doces objetos?........... Pretos
    Tem outros bens mais maciços?............. Mestiços
    Quais destes lhe são mais gratos?........... Mulatos.

>   Dou ao demo os insensatos,
>   dou ao demo a gente asnal,
>   que estima por cabedal
>   Pretos, Mestiços, Mulatos.

4   Quem faz os círios mesquinhos?.......... Meirinhos
    Quem faz as farinhas tardas?............... Guardas
    Quem as tem nos aposentos?............... Sargentos.

>   Os círios lá vêm aos centos,
>   e a terra fica esfaimando,
>   porque os vão atravessando
>   Meirinhos, Guardas, Sargentos.

5   E que justiça a resguarda?............. Bastarda
    É grátis distribuída?....................... Vendida
    Quem tem, que a todos assusta?......Injusta.

---

82 SOCRÓCIO termo não dicionarizado. Para Ângela Maria Dias (*Gregório de Matos: Sátira*. 2. ed. Rio de Janeiro: Agir, 1989. p. 94), seria um substantivo formado a partir do verbo socrestar, variante de sequestrar.

Valha-nos Deus, o que custa,
o que El-Rei nos dá de graça
que anda a justiça na praça
Bastarda, Vendida, Injusta.

6   Que vai pela clerezia?.................. Simonia
E pelos membros da Igreja?......... Inveja
Cuidei, que mais se lhe punha?.... Unha.

Sazonada caramunha!
enfim que na Santa Sé
o que se pratica, é
Simonia, Inveja, Unha.

7   E nos Frades há manqueiras?............ Freiras
Em que ocupam os serões?................ Sermões
Não se ocupam em disputas?............. Putas.

Com palavras dissolutas
me concluís na verdade,
que as lidas todas de um Frade
São Freiras, Sermões, e Putas.

8   O açúcar já se acabou?............... Baixou
E o dinheiro se extinguiu?.......... Subiu
Logo já convalesceu?................. Morreu.

À Bahia aconteceu
o que a um doente acontece,
cai na cama, o mal lhe cresce,
Baixou, Subiu, e Morreu.

9   A Câmara não acode?............... Não pode
     Pois não tem todo o poder?....... Não quer
     É que o governo a convence?.... Não vence.

        Quem haverá que tal pense,
        que uma Câmara tão nobre
        por ver-se mísera, e pobre
        Não pode, não quer, não vence.

DESCRIÇÃO, ENTRADA, E PROCEDIMENTO DO BRAÇO DE PRATA ANTONIO DE SOUZA DE MENEZES[83] GOVERNADOR DESTE ESTADO.

Oh não te espantes não, Dom Antonio,
Que se atreva a Bahia
Com oprimida voz, com plectro esguio
Cantar ao mundo teu rico feitio,
Que é já velho em Poetas elegantes
O cair em torpezas semelhantes.

---

83 ANTÔNIO DE SOUZA DE MENEZES (Antônio de Sousa de Meneses) homem conhecido por ser violento e brutal; foi governador da Bahia entre 1682 e 1684. Foi apelidado Braço de Prata ao adotar uma prótese em substituição ao braço direito, perdido em uma batalha contra os holandeses no Brasil, em 1638.

Da Pulga acho, que Ovídio tem escrito[84],
Lucano do Mosquito[85],
Das Rãs Homero[86], e destes não desprezo,
Que escreveram matérias de mais peso
Do que eu, que canto cousa mais delgada
Mais chata, mais sutil, mais esmagada.[87]

Quando desembarcaste da fragata,
Meu Dom Braço de Prata,
Cuidei, que a esta cidade tonta, e fátua
Mandava a Inquisição alguma estátua
Vendo tão espremida salvajola[88]
Visão de palha sobre um Mariola.

---

84 ALUSÃO à obra anônima *De pulice libellus*, possivelmente medieval, erroneamente atribuída a Ovídio, em que o narrador se imagina como uma pulga que percorre o corpo da amada. O tema deve ter, contudo, origem ovidiana, em trecho de *Amores*, II, 15 (versos 7-9, 11-14), em que o sujeito lírico dá um anel de presente à mulher amada, e passa a invejar a sorte do anel, imaginando como seria se se transformasse no objeto. Cf. MARISCAL, Gabriel Laguna. Celos hasta del pensamiento: motivo antiguo y actual. *Marginalia et adversaria*. Febrero, 2003. Disponível em: <www.uco.es/~ca1lamag/Febrero2003.htm>. Acesso em: 7 abr. 2012.

85 POSSIVELMENTE erro cometido pelo copista, pois quem escreveu sobre o mosquito não foi o poeta latino Lucano (39-65), mas, sim, Luciano de Samósata (c.125-c.181), autor grego de *Diálogo dos Mortos* e *História Verdadeira*. Nesse caso, a referência é ao *Elogio da mosca*, texto em que Samósata, satiricamente, traça elogios ao inseto.

86 DAS RÃS HOMERO referência à *Batracomiomaquia*, paródia de *Ilíada* atribuída a Homero em que a batalha ocorre entre ratos e rãs.

87 DA PULGA ACHO ... MAIS SUTIL, MAIS ESMAGADA estrofe que imita a segunda estrofe de uma canção do escritor espanhol Francisco de Quevedo (1580-1645), em que "encarece la suma flaqueza de una Dama", pertencente à Thalia, musa VI, da obra *Nueve Musas Castellanas*: "La pulga escriviò Ovidio, honor Romano, / Y la mosca Luciano, / Homero de las ranas: yo confieso, / Que ellos cantaron cosas de mas peso: / Yo escribiré, y con pluma mas delgada, / Materia mas sutil, y delicada." (Disponível em: <www.cervantesvirtual.com/servlet/SirveObras/12582740923480495210435/index.htm>. Acesso em: 7 abr. 2012. Em português: A pulga escreveu Ovídio, honor Romano, / E a mosca Luciano, / Homero das rãs: eu confesso, / Que eles cantaram coisas de mais peso: / Eu escreverei, e com pluma mais delgada, / Matéria mais sutil, e delicada.)

88 SALVAJOLA palavra não dicionarizada. Para James Amado, significaria "grande selvagem" (MATOS, Gregório de. *Crônica do viver baiano seiscentista. Obra poética completa*. 4. ed. Códice e edição James Amado. Rio de Janeiro: Record, 1999. v. I. p. 139), formada possivelmente a partir do substantivo espanhol *salvaje* (selvagem).

O rosto de azarcão afogueado,
E em partes mal untado,
Tão cheio o corpanzil de godolhões,
Que o julguei por um saco de melões;
Vi-te o braço pendente da garganta,
E nunca prata vi com liga tanta.

O bigode fanado feito ao ferro
Está ali num desterro,
E cada pelo em solidão tão rara,
Que parece ermitão da sua cara:
Da cabeleira pois afirmam cegos,
Que a mandaste comprar no arco dos pregos.

Olhos cagões, que cagam sempre à porta,
Me tem esta alma torta,
Principalmente vendo-lhe as vidraças
No grosseiro caixilho das couraças:
Cangalhas[89], que formaram luminosas
Sobre arcos de pipa duas ventosas.

De muito cego, e não de malquerer
A ninguém podes ver;
Tão cego és, que não vês teu prejuízo
Sendo cousa, que se olha com juízo:
Tu és mais cego, que eu, que te sussurro,
Que em te olhando, não vejo mais que um burro.

---

89 CANGALHAS armação de madeira colocada no dorso dos animais de carga para suportá-la; por extensão, óculos. Assim, o poeta, descrevendo os olhos de Braço de Prata, refere-se aos óculos utilizados por ele. É importante lembrar que, na época, os óculos eram objetos caros e motivos de muito prestígio.

Chato o nariz de cocras sempre posto:
Te cobre todo o rosto,
De gatinhas buscando algum jazigo
Adonde o desconheçam por embigo:
Até que se esconde, onde mal o vejo
Por fugir do fedor do teu bocejo.

Faz-lhe tal vizinhança a tua boca,
Que com razão não pouca
O nariz se recolhe para o centro
Mudado para os baixos lá de dentro:
Surge outra vez, e vendo a bafarada
Lhe fica a ponta um dia ali engasgada.

Pernas, e pés defendem tua cara:
Valha-te; e quem cuidara,
Tomando-te a medida das cavernas
Se movesse tal corpo com tais pernas!
Cuidei, que eras rocim das alpujarras,
E já frisão te digo pelas garras.

Um casaquim trazias sobre o couro,
Qual odre, a quem o Touro
Uma, e outra cornada deu traidora,
E lhe deitou de todo o vento fora;
Tal vinha o teu vestido de enrugado,
Que o tive por um odre esfuracado.

O que te vir ser todo rabadilha
Dirá que te perfilha
Uma quaresma (chato percevejo)
Por Arenque de fumo, ou por Badejo:
Sem carne, e osso, quem há ali, que creia,
Senão que és descendente de Lampreia.

Livre-te Deus de um Sapateiro, ou Sastre,
Que te temo um desastre,
E é, que por sovela, ou por agulha
Arme sobre levar-te alguma bulha:
Porque depositando-te à justiça
Será num agulheiro, ou em cortiça[90].

Na esquerda mão trazias a bengala
ou por força, ou por gala:
No sovaco por vezes a metias,
Só por fazer enfim descortesias,
Tirando ao povo, quando te destapas,
Entonces o chapéu, agora as capas.

Fundia-se a cidade em carcajadas,
Vendo as duas entradas,
Que fizeste do Mar a Santo Inácio[91],
E depois do colégio[92] a teu palácio:
O Rabo erguido em cortesias mudas,

---
90 SERÁ NUM AGULHEIRO, OU EM CORTIÇA sátira do poeta ao braço de prata de Antônio de Sousa de Meneses que, se entrasse em conflito com um alfaiate ou um sapateiro, poderia ser confundido com uma agulha e espetado em um agulheiro ou cortiça.
91 SANTO INÁCIO referência a um bairro de Salvador.
92 COLÉGIO, possivelmente, alusão ao Colégio dos Jesuítas de Salvador, fundado pela Companhia de Jesus, onde estudou o Padre Antônio Vieira.

Como quem pelo cu tomava ajudas[93].

Ao teu palácio te acolheste, e logo
Casa armaste de jogo,
Ordenando as merendas por tal jeito,
Que a cada jogador cabe um confeito:
Dos Tafuis[94] um confeito era um bocado,
Sendo tu pela cara o enforcado.

Depois deste em fazer tanta parvoíce,
Que inda que o povo risse
Ao princípio, cresceu depois a tanto,
Que chegou a chorar com triste pranto:
Chora-te o nu de um roubador de falso,
E vendo-te eu direito, me descalço.

Xinga-te o negro, o branco te pragueja,
E a ti nada te aleija,
E por teu sensabor, e pouca graça
És fábula do lar, riso da praça,
Té que a bala, que o braço te levara,
Venha segunda vez levar-te a cara.

---

93 NA ESQUERDA MÃO TRAZIAS ... PELO CU TOMAVA AJUDAS no comentário de João Adolfo Hansen, nessas duas últimas estrofes: "A sátira sobredetermina a feiura misturando-lhe as espécies. Assim, o malvado também é estúpido, pois falta-lhe a prudência do discreto, demonstrando a vileza em expressões e gestos rústicos e desencontrados, que causam horror. É, por exemplo, o que se dá na descrição fantástica do governador Sousa de Meneses, o Braço de Prata: é feio o modo como leva a bengala, metendo-a no sovaco, pois não condiz com pessoa da sua condição. Junta-se à deselegância do gesto a descrição do porte: ele anda empinando o fim da espinha, 'o Rabo erguido em cortesias mudas / como quem pelo cu tomava ajudas', o que é ridículo de ver. Às descrições hiperbolizadas do físico juntam-se outras, por exemplo, dos trajes; isoladamente e pelo acúmulo, esboçam um monstro moral, estúpido e tirano" (*A sátira e o engenho: Gregório de Matos e a Bahia do século XVII*. São Paulo: Companhia das Letras, Secretaria de Estado da Cultura, 1989. p. 311).

94 TAFUIS casquilhos, janotas, que se vestem com apuro. Empregado também para designar os jogadores profissionais ou por vício.

SUTILEZA COM QUE O POETA SATIRIZA A ESTE GOVERNADOR.

1   Tempo, que tudo trasfegas,
     fazendo aos peludos calvos,
     e pelos tornar mais alvos
     até os bigodes esfregas:
     todas as caras congregas,
     e a cada uma pões mudas,
     tudo acabas, nada ajudas,
     ao rico pões em pobreza,
     ao pobre dás a riqueza,
     só para mim te não mudas.

2   Tu tens dado em mal querer-me,
     pois vejo, que dá em faltar-te
     tempo só para mudar-te,
     se é para favorecer-me:
     por conservar-me, e manter-me
     no meu infeliz estado,
     até em mudar-te hás faltado,
     e estás tão constante agora,
     que para minha melhora
     de mudanças te hás mudado.

3   Tu, que esmaltas, e prateias
    tanta gadelha dourada,
    e tanta face encarnada
    descoras, turbas, e afeias:
    que sejas pincel, não creias,
    senão dias já passados;
    mas se esmaltes prateados
    branqueiam tantos cabelos,
    como, branqueando pelos,
    não me branqueias cruzados?

4   Se corres tão apressado,
    como paraste comigo?
    corre outra vez, inimigo,
    que o teu curso é meu sagrado:
    corre para vir mudado,
    não pares por mal de um triste:
    porque, se pobre me viste,
    paraste há tantas auroras,
    bem de tão infaustas horas
    o teu relógio consiste.

5   O certo é, seres um caco,
    um ladrão da mocidade,
    por isso nesta cidade
    corre um tempo tão velhaco:
    farinha, açúcar, tabaco
    no teu tempo não se alcança,
    e por tua intemperança
    te culpa o Brasil inteiro,
    porque sempre és o primeiro
    móvel de qualquer mudança.

6 Não há já, quem te suporte;
e quem armado te vê
de fouce, e relógio, crê,
que és o percussor da morte:
vens adiante de sorte,
e com tão fino artifício,
que à morte torras o ofício;
pois ao tempo de morrer,
não tendo já que fazer,
perde a morte o exercício.

7 Se o tempo consta de dias,
que revolve o céu opaco,
como tu, tempo velhaco,
constas de velhacarias?
não temas, que as carestias,
que de ti se hão de escrever,
te darão a aborrecer
tanto as futuras idades,
que, ouvindo as tuas maldades,
a cara te hão de torcer.

8 Se, porque penas me dês,
paras cruel, e inumano,
o céu santo, e soberano
te fará mover os pés:
esse azul móvel, que vês,
te fará ser tão corrente,
que não parando entre a gente,
preveja a Bahia inteira,
que há de correr a carreira
com pregão de delinquente.

A SEU FILHO O CONDE DO PRADO, DE QUEM ERA O
POETA BEM-VISTO, ESTANDO RETIRADO NA PRAIA
GRANDE, LHE DÁ CONTA DOS MOTIVOS, QUE TEVE
PARA SE RETIRAR DA CIDADE, E AS GLÓRIAS, QUE
PARTICIPA NO RETIRO.

Daqui desta Praia grande,
Onde à cidade fugindo,
conventual das areias
entre os mariscos habito:
A vós, meu Conde do Prado,
a vós, meu Príncipe invicto,
Ilustríssimo Mecenas
de um Poeta tão indigno.
Enfermo de vossa ausência
quero curar por escrito
sentimentos, e saudades,
lágrimas, penas, suspiros.
Quero curar-me convosco,
porque é discreto aforismo,
que a causa das saudades
se empenhe para os alívios.
Ausentei-me da Cidade,
porque esse Povo maldito
me pôs em guerra com todos,
e aqui vivo em paz comigo.

Aqui os dias me não passam,
porque o tempo fugitivo,
por ver minha solidão,
para em meio do caminho.
Graças a Deus, que não vejo
neste tão doce retiro
hipócritas embusteiros,
velhacos entremetidos.
Não me entram nesta palhoça
visitadores prolixos,
políticos enfadonhos,
cerimoniosos vadios.
Uns néscios, que não dão nada,
senão enfado infinito,
e querem tirar-me o tempo,
que me outorga Jesus Cristo.
Visita-me o lavrador
sincero, simples, e liso,
que entra co'a boca fechada,
e sai co queixo caído.
E amanhecendo Deus,
acordo, e dou de focinhos
co sol sacristão dos céus
toca aqui, toca ali signos.
Dou na varanda um passeio,
ouço cantar passarinhos
docemente, ao que eu entendo,
exceto a letra, e o tonilho.
Vou-me logo para a praia,
e vendo os alvos seixinhos,
de quem as ondas murmuram
por mui brancos, e mui limpos:

os tomo em minha desgraça
por exemplo expresso, e vivo,
pois ou por limpo, ou por branco
fui na Bahia mofino.
Queimada veja eu a terra,
onde o torpe idiotismo
chama aos entendidos néscios,
aos néscios chama entendidos.
Queimada veja eu a terra
onde em casa, e nos corrilhos
os asnos me chamam d'asno,
parece cousa de riso.
eu sei um clérigo zote
parente em grau conhecido
destes, que não sabem musa,
mau grego, e pior latino:
Famoso em cartas, e dados
mais que um ladrão de caminhos,
regatão de piaçavas,
e grande atravessa-milhos:
Ambicioso, avarento,
das próprias negras amigo
só por fazer a gaudere[95],
o que aos outros custa jimbo.
Que se acaso em mim lhe falam,
torcendo logo o focinho,
ninguém me fale nesse asno,
responde com todo o siso.
Pois agora (pergunto eu)
e Job fora ainda vivo

---
95 A GAUDERE expressão latina que significa a gosto.

sofrera tanto ao diabo,
como eu sofro este percito?
Também sei, que um certo Beca
o pretório presidindo,
onde é salvage em cadeira,
me pôs asno de banquinho.
Por sinal que eu respondi,
a quem me trouxe este aviso,
se fosse asno, como eu sou,
que mal fora a esse Ministro.
Eu era lá em Portugal
sábio, discreto, e entendido,
Poeta melhor, que alguns,
douto como os meus vizinhos.
Chegando a esta cidade,
logo não fui nada disto:
porque o direito entre o torto
parece, que anda torcido.
Sou um herege, um asnote,
mau cristão, pior ministro,
mal-entendido entre todos,
de nenhum bem entendido.
Tudo consiste em ventura,
que eu sei de muitos delitos
mais graves que os meus alguns,
porém todos sem castigo.
Mas não consiste em ventura,
e se o disse, eu me desdigo;
pois consiste na ignorância
de Idiotas tão supinos.
De noite vou tomar fresco,
e vejo em seu epiciclo

a lua desfeita em quartos
como ladrão de caminhos.
O que passo as mais das noites,
não sei, e somente afirmo,
que a noite mais negra, escura
em claro a passo dormindo.
Faço versos mal limados
a uma Moça como um brinco,
que ontem foi alvo dos olhos,
hoje é negro dos sentidos.
Esta é a vida, que passo,
e no descanso, em que vivo,
me rio dos Reis de Espanha
em seu célebre retiro[96].
Se, a quem vive em solidão,
chamou beato um gentio,
espero em Deus, que hei de ser
por beato inda benquisto.
Mas aqui, e em toda a parte
estou tão oferecido
às cousas do vosso gosto,
como de vosso serviço.

---

96 CÉLEBRE RETIRO alusão ao *Palacio del Buen Retiro*, uma das residências dos reis espanhóis, cuja construção se deu entre os anos de 1630 e 1640. Foi quase inteiramente demolido no século XIX.

AOS CAPITULARES DO SEU TEMPO.

A nossa Sé da Bahia,
com ser um mapa de festas,
é um presépio de bestas,
se não for estrebaria:
várias bestas cada dia
vemos, que o sino congrega,
Caveira mula galega,
o Deão burrinha parda,
Pereira besta de albarda,
tudo para a Sé se agrega.

A CERTO PROVINCIAL DE CERTA RELIGIÃO QUE PREGOU O MANDATO EM TERMOS TÃO RIDÍCULOS QUE MAIS SERVIU DE MOTIVO DE RISO, DO QUE DE COMPAIXÃO.

1   Ainda está por decidir,
    meu Padre Provincial,
    se aquele sermão fatal
    foi de chorar, se de rir:
    cada qual pode inferir,
    o que melhor lhe estiver,
    porque aquela má mulher
    da perversa sinagoga
    fez no sermão tal chinoga,
    que o não deixou entender.

2   Certo, que este lava-pés
    me deixou escangalhado,
    e quanto a mim foi traçado
    para risonho entremez:
    eu lhe quero dar das três
    a outro qualquer Pregador,
    seja ele quem quer que for,
    já filósofo, ou já letrado,
    e quero perder dobrado,
    se fizer outro pior.

3   E vossa Paternidade,
    pelo que deve à virtude,
    de tais pensamentos mude,
    que prega mal na verdade:
    faça atos de caridade,
    e trate de se emendar,
    não nos venha mais pregar,
    que jurou o Mestre Escola,
    que por pregar para Angola
    o haviam de degradar.

PONDO OS OLHOS PRIMEIRAMENTE NA SUA CIDADE CONHECE, QUE OS MERCADORES SÃO O PRIMEIRO MÓVEL DA RUÍNA, EM QUE ARDE PELAS MERCADORIAS INÚTEIS, E ENGANOSAS.[97]

Triste Bahia! Oh quão dessemelhante
Estás, e estou do nosso antigo estado!
Pobre te vejo a ti, tu a mi empenhado,
Rica te vejo eu já, tu a mi abundante.

---

97 SONETO composto à imitação do atribuído a Francisco Rodrigues Lobo (1580-1622): Fermoso Tejo meu, quão diferente / Te vejo e vi, me vês agora e viste: / Turvo te vejo a ti, tu a mim triste, / Claro te vi eu já, tu a mim contente. // A ti foi-te trocando a grossa enchente / A quem teu largo campo não resiste; / A mim trocou-me a vista em que consiste / O meu viver contente ou descontente. // Já que somos no mal participantes, / Sejamo-lo no bem. Oh, quem me dera / Que fôramos em tudo semelhantes!// Mas lá virá a fresca Primavera: / Tu tornarás a ser quem eras dantes, / Eu não sei se serei quem dantes era.

A ti tocou-te a máquina mercante,
Que em tua larga barra tem entrado,
A mim foi-me trocando, e tem trocado
Tanto negócio, e tanto negociante.

Deste em dar tanto açúcar excelente
Pelas drogas inúteis, que abelhuda
Simples[98] aceitas do sangaz Brichote.

Oh se quisera Deus, que de repente
Um dia amanheceras tão sizuda
Que fora de algodão o teu capote!

---

98 SIMPLES ervas medicinais e, por extensão, drogas, remédios.

DESCREVE COM MAIS INDIVIDUAÇÃO A FIDÚCIA, COM QUE OS ESTRANHOS SOBEM A ARRUINAR SUA REPÚBLICA.

Senhora Dona Bahia,
   nobre, e opulenta cidade,
   madrasta dos Naturais,
   e dos Estrangeiros madre.
   Dizei-me por vida vossa,
   em que fundais o ditame
   de exaltar, os que aí vêm,
   e abater, os que ali nascem?
   Se o fazeis pelo interesse,
   de que os estranhos vos gabem,
   isso os Paisanos fariam
   com duplicadas vantagens.
   E suposto que os louvores
   em boca própria não cabem,
   se tem força terá a verdade.
   O certo é, Pátria minha,
   que foste terra de alarves,
   e inda os ressábios vos duram
   desse tempo, e dessa idade.
   Haverá duzentos anos,
   (nem tantos podem contar-se)
   que éreis uma aldeia pobre,

e hoje sois rica cidade.
Então vos pisavam Índios,
e vos habitavam cafres,
hoje chispais fidalguias,
arrojando personagens.
A essas personagens vamos,
sobre elas será o debate,
e queira Deus, que o vencer-vos
para envergonhar-vos baste.
Sai um pobrete de Cristo
de Portugal, ou do Algarve
cheio de drogas alheias
para daí tirar gages:
O tal foi sota-tendeiro
de um cristão-novo em tal parte,
que por aqueles serviços
o despachou a embarcar-se.
Fez-lhe uma carregação
entre amigos, e compadres:
e ei-lo comissário feito
de linhas, lonas, beirames.
Entra pela barra dentro,
dá fundo, e logo a entonar-se
começa a bordo da Nau
cum vestidinho flamante.
Salta a terra, toma casas,
arma a botica dos trastes,
em casa come Baleia,
na rua entoja manjares.
Vendendo gato por lebre,
antes que quatro anos passem,
já tem tantos mil cruzados,

segundo afirmam Pasguates.
Começam a olhar para ele
os Pais, que já querem dar-lhe
Filha, e dote, porque querem
homem, que coma, e não gaste.
Que esse mal há nos mazombos,
têm tão pouca habilidade,
que o seu dinheiro despendem
para haver de sustentar-se.
Casa-se o meu matachim,
põe duas Negras, e um Pajem,
uma rede com dous Minas,
chapéu-de-sol, casas-grandes.
Entra logo nos pilouros,
e sai do primeiro lance
Vereador da Bahia,
que é notável dignidade.
Já temos o Canastreiro,
que inda fede a seus beirames,
metamorfósis da terra
transformado em homem grande:
e eis aqui a personagem.
Vem outro do mesmo lote
tão pobre, e tão miserável
vende os retalhos, e tira
comissão com couro, e carne.
Co principal se levanta,
e tudo emprega no Iguape,
que um engenho, e três fazendas
o têm feito homem grande;
e eis aqui a personagem.
Dentre a chusma e a canalha

da marítima bagagem
fica às vezes um cristão,
que apenas benzer-se sabe:
Fica em terra resoluto
a entrar na ordem mercante,
troca por côvado, e vara
timão, balestilha, e mares.
Arma-lhe a tenda um ricaço,
que a terra chama Magnate
com pacto de parceria,
que em direito é sociedade:
Com isto a Marinheiraz
do primeiro jacto, ou lance
bota fora o cu breado
as mãos dissimula em guantes.
Vende o cabedal alheio,
e dá com ele em Levante,
vai, e vem, e ao dar das contas
diminui, e não reparte.
Prende aqui, prende acolá,
nunca falta um bom Compadre,
que entretenha o acredor,
ou faça esperar o Alcaide.
Passa um ano, e outro ano,
esperando, que ele pague,
que uns lhe dão, para que junte,
e outros mais, para que engane.
Nunca paga, e sempre come,
e quer o triste Mascate,
que em fazer a sua estrela
o tenham por homem grande,
O que ele fez, foi furtar,

que isso faz qualquer bribante,
tudo o mais lhe fez a terra
sempre propícia aos infames
e eis aqui a personagem.
Vem um Clérigo idiota,
desmaiado com um jalde,
os vícios com seu bioco,
com seu rebuço as maldades:
Mais Santo do que Mafoma[99]
na crença dos seus Arabes,
Letrado como um Matulo,
e velhaco como um Frade:
Ontem simples Sacerdote,
hoje uma grã dignidade,
ontem salvage notório,
hoje encoberto ignorante.
Ao tal Beato fingido
é força, que o povo aclame,
e os do governo se obriguem,
pois edifica a cidade.
Chovem uns, e chovem outros
com ofícios, e lugares,
e o Beato tudo apanha
por sua muita humildade.
Cresce em dinheiro, e respeito,
vai remetendo as fundagens,
compra toda a sua terra,
com que fica o homem grande,
e eis aqui a personagem.

---

99 MAFOMA nome que os cristãos davam a Maomé.

Vêm outros zotes de Réquiem[100],
que indo tomar o caráter
todo o Reino inteiro cruzam
sobre a chanca viandante.
De uma província para outra
como Dromedários partem,
caminham como camelos,
e comem como salvages:
Mariolas de missal,
lacaios missa-cantante
sacerdotes ao burlesco,
ao sério ganhões de altares.
Chega um destes, toma amo,
que as capelas dos Magnates
são rendas, que Deus criou
para estes Orate frates[101].
Fazem-lhe certo ordenado,
que é dinheiro na verdade,
que o Papa reserva sempre
das ceias, e dos jantares.
Não se gasta, antes se embolsa,
porque o Reverendo Padre
é do Santo Nicomedes
meritíssimo confrade;
e eis aqui a personagem.
Veem isto os Filhos da terra,
e entre tanta iniquidade
são tais, que nem inda tomam

---

100 RÉQUIEM palavra latina que se refere à missa que celebra a memória dos mortos. Trata-se da palavra inicial do texto da missa: *Requiem aeternam dona eis, Domine* (O descanso eterno dá-lhes, Senhor).

101 ORATE FRATES expressão latina que significa orai, irmãos.

licença para queixar-se.
Sempre veem, e sempre falam,
até que Deus lhe depare,
quem lhes faça de justiça
está sátira à cidade,
Tão queimada, e destruída
te vejas, torpe cidade,
como Sodoma, e Gomorra
duas cidades infames.
Que eu zombo dos teus vizinhos,
sejam pequenos, ou grandes
gozos, que por natureza
nunca mordem, sempre latem.
Que eu espero entre Paulistas
na divina Majestade,
Que a ti, São Marçal te queime,
E São Pedro assim me guarde.

JULGA PRUDENTE E DISCRETAMENTE AOS MESMOS POR CULPADOS EM UMA GERAL FOME QUE HOUVE NESTA CIDADE PELO DESGOVERNO DA REPÚBLICA, COMO ESTRANHOS NELA.

1   Toda a cidade derrota
    esta fome universal,
    uns dão a culpa total
    à Câmara, outros à frota:
    a frota tudo abarrota
    dentro nos escotilhões
    a carne, o peixe, os feijões,
    e se a Câmara olha, e ri,
    porque anda farta até aqui,
    é cousa, que me não toca;
    Ponto em boca[102].

2   Se dizem, que o Marinheiro
    nos precede a toda a Lei,
    porque é serviço d'El-Rei,
    concedo, que está primeiro:
    mas tenho por mais inteiro
    o conselho, que reparte
    com igual mão, igual arte

---
102 PONTO EM BOCA expressão popular que significa boca fechada.

por todos, jantar, e ceia:
mas frota com tripa cheia,
e povo com pança oca!
Ponto em boca.

3   A fome me tem já mudo,
que é muda a boca esfaimada;
mas se a frota não traz nada,
por que razão leva tudo?
que o Povo por ser sizudo
largue o ouro, e largue a prata
a uma frota patarata,
que entrando co'a vela cheia,
o lastro que traz de areia,
por lastro de açúcar troca!
Ponto em boca.

4   Se quando vem para cá,
nenhum frete vem ganhar,
quando para lá tornar,
o mesmo não ganhará:
quem o açúcar lhe dá,
perde a caixa, e paga o frete,
porque o ano não promete
mais negócio, que perder
o frete, por ser dever,
a caixa, porque se choca:
Ponto em boca.

5   Eles tanto em seu abrigo,
e o povo tão faminto,
ele chora, e eu não minto,

se chorando vo-lo digo:
tem-me cortado o embigo
este nosso General,
por isso de tanto mal
lhe não ponho alguma culpa;
mas se merece desculpa
o respeito, a que provoca,
Ponto em boca.

6   Com justiça pois me torno
à Câmara Nó Senhora,
que pois me trespassa agora,
agora leve o retorno:
praza a Deus, que o caldo morno,
que a mim me fazem cear
da má vaca do jantar
por falta do bom pescado
lhe seja em cristéis lançado;
mas se a saúde lhes toca:
Ponto em boca.

EXPÕE ESTA DOUTRINA COM MIUDEZA, E ENTENDIMENTO CLARO, E SE RESOLVE A SEGUIR SEU ANTIGO DITAME.

1 Que néscio, que era eu então,
quando o cuidava, o não era,
mas o tempo, a idade, a era
puderam mais que a razão:
fiei-me na discrição,
e perdi-me, em que me pes,
e agora dando ao través,
vim no cabo a entender,
que o tempo veio a fazer,
o que a razão nunca fez.

2 O tempo me tem mostrado,
que por me não conformar
com o tempo, e co lugar
estou de todo arruinado:
na política de estado
nunca houve princípios certos,
e posto que homens espertos
alguns documentos deram,
tudo, o que nisto escreveram,
são contingentes acertos.

3
    Muitos por vias erradas
    têm acertos mui perfeitos
    muitos por meios direitos,
    não dão sem erro as passadas:
    cousas tão disparatadas
    obra-as a sorte importuna,
    que de indignos é coluna,
    e se me há de ser preciso
    lograr fortuna sem siso,
    eu renuncio à fortuna.

4
    Para ter por mim bons fados
    escuso discretos meios,
    que há muitos burros sem freios,
    e mui bem afortunados:
    logo os que andam bem livrados,
    não é própria diligência,
    é o céu, e sua influência,
    são forças do fado puras,
    que põem mantidas figuras
    do teatro da prudência.

5
    De diques de água cercaram
    esta nossa cidadela
    todos se molharam nela,
    e todos tontos ficaram:
    eu, a quem os céus livraram
    desta água fonte de asnia,
    fiquei são da fantesia
    por meu mal, pois nestes tratos
    entre tantos insensatos
    por sisudo eu só perdia.

6   Vinham todos em manada
    um simples, outro doudete,
    este me dava um moquete,
    aqueloutro uma punhada:
    tá, que sou pessoa honrada,
    e um homem de entendimento;
    qual honrado, ou qual talento?
    foram-me pondo num trapo,
    vi-me tornado um farrapo,
    porque um tolo fará cento.

7   Considerei logo então
    os baldões, que padecia,
    vagarosamente um dia
    com toda a circunspeção:
    assentei por conclusão
    ser duro de os corrigir,
    e livrar do seu poder,
    dizendo com grande mágoa:
    se me não molho nesta água,
    mal posso entre estes viver.

8   Eia, estamos na Bahia,
    onde agrada a adulação,
    onde a verdade é baldão,
    e a virtude hipocrisia:
    sigamos esta harmonia
    de tão fátua consonância,
    e inda que seja ingnorância
    seguir erros conhecidos,
    sejam-me a mim permitidos,
    se em ser besta está a ganância.

9   Alto pois com planta presta
    me vou ao Dique botar,
    e ou me hei de nele afogar,
    ou também hei de ser besta:
    do bico do pé à testa
    lavei as carnes, e os ossos:
    ei-los vêm com alvoroços
    todos para mim correndo.
    ei-los me abraçam, dizendo.
    agora sim, que é dos nossos.

10 Dei por besta em mais valer,
    um me serve, outro me presta;
    não sou eu de todo besta,
    pois tratei de o parecer:
    assim vim a merecer
    favores, e aplausos tantos
    pelos meus néscios encantos,
    que enfim, e por derradeiro
    fui galo de seu poleiro,
    e lhes dava os dias santos.

11 Já sou na terra bem-visto,
    louvado, e engrandecido,
    já passei de aborrecido
    ao auge de ser benquisto:
    já entre os grandes me alisto,
    e amigos são, quando topo,
    estou fábula de Esopo[103]
    vendo falar animais,

---

103 ESOPO fabulista grego do século VI a. C.

e falando eu que eles mais,
bebemos todos num copo.

12   Seja pois a conclusão,
que eu me pus aqui a escrever,
o que devia fazer,
mas que tal faça, isso não.
decrete a divina mão,
influam malignos fados,
seja eu entre os desgraçados
exemplo de desventura:
não culpem minha cordura,
que eu sei, que são meus pecados.

DEFENDE O POETA POR SEGURO, NECESSÁRIO, E RETO SEU PRIMEIRO INTENTO SOBRE SATIRIZAR OS VÍCIOS.

Eu sou aquele, que os passados anos
cantei na minha lira maldizente
torpezas do Brasil, vícios, e enganos.

E bem que os decantei bastantemente,
canto segunda vez na mesma lira
o mesmo assunto em plectro diferente.

Já sinto, que me inflama, ou que me inspira
Talia[104], que Anjo é da minha guarda,
Dês que Apolo mandou, que me assistira.

Arda Baiona, e todo o mundo arda,
Que, a quem de profissão falta à verdade,
Nunca a Dominga das verdades tarda.

Nenhum tempo excetua a Cristandade
Ao pobre pegureiro do Parnaso
Para falar em sua liberdade.

---

104 TALIA na mitologia grega, a musa da comédia, filha de Zeus e Mnemósine.

A narração há de igualar ao caso,
E se talvez ao caso não iguala,
Não tenho por Poeta, o que é Pegaso.

De que pode servir calar, quem cala,
Nunca se há de falar, o que se sente?
Sempre se há de sentir, o que se fala!

Qual homem pode haver tão paciente,
Que vendo o triste estado da Bahia,
Não chore, não suspire, e não lamente?

Isto faz a discreta fantasia:
Discorre em um, e outro desconcerto,
Condena o roubo, e increpa a hipocrisia.

O néscio, o ignorante, o inexperto,
Que não elege o bom, nem mau reprova,
Por tudo passa deslumbrado, e incerto.

E quando vê talvez na doce trova
Louvado o bem, e o mal vituperado,
A tudo faz focinho, e nada aprova.

Diz logo prudentaço, e repousado,
Fulano é um satírico, é um louco,
De língua má, de coração danado.

Néscio: se disso entendes nada, ou pouco,
Como mofas com riso, e algazarras
Musas, que estimo ter, quando as invoco?

Se souberas falar, também falaras,
Também satirizaras, se souberas,
E se foras Poeta, poetizaras.

A ignorância dos homens destas eras
Sisudos faz ser uns, outros prudentes,
Que a mudez canoniza bestas feras.

Há bons, por não poder ser insolentes,
Outros há comedidos de medrosos,
Não mordem outros não, por não ter dentes.

Quantos há, que os telhados têm vidrosos,
E deixam de atirar sua pedrada
De sua mesma telha receosos.

Uma só natureza nos foi dada:
Não criou Deus os naturais diversos,
Um só Adão formou, e esse de nada.

Todos somos ruins, todos preversos,
Só nos distingue o vício, e a virtude,
De que uns são comensais, outros adversos.

Quem maior a tiver, do que eu ter pude,
Esse só me censure, esse me note,
Calem-se os mais, chitom, e haja saúde.

CONTEMPLANDO NAS COUSAS DO MUNDO DESDE O SEU RETIRO, LHE ATIRA COM O SEU ÁPAGE, COMO QUEM A NADO ESCAPOU DA TORMENTA.

Neste mundo é mais rico, o que mais rapa:
Quem mais limpo se faz, tem mais carepa:
Com sua língua ao nobre o vil decepa:
O Velhaco maior sempre tem capa.

Mostra o patife da nobreza o mapa:
Quem tem mão de agarrar, ligeiro trepa:
Quem menos falar pode, mais increpa:
Quem dinheiro tiver, pode ser Papa.

A flor baixa se inculca por Tulipa:
Bengala hoje na mão, ontem garlopa:
Mais isento se mostra, o que mais chupa.

Para a tropa do trapo vazo a tripa,
E mais não digo, porque a Musa topa
Em apa, epa, ipa, opa, upa[105].

---

105 EM APA, EPA, IPA, OPA, UPA nesse verso, o poeta utiliza o procedimento de disseminação e recolha, ou seja, recolhe no último verso as rimas disseminadas ao longo do soneto.

ESCANDALIZADO O POETA DA SÁTIRA ANTECEDENTE, E SER PUBLICADA EM NOME DO VIGÁRIO DE PASSÉ LOURENÇO RIBEIRO HOMEM PARDO, QUANDO ELE ESTAVA INOCENTE NA FATURA DELA, E CALAVA PORQUE ASSIM CONVINHA: LHE ASSENTA AGORA O POETA O CACHEIRO COM ESTA PETULANTE SÁTIRA.

1 Um Branco muito encolhido,
   um Mulato muito ousado,
   um Branco todo coitado,
   um canaz todo atrevido:
   o saber muito abatido,
   a ignorância, e ignorante
   mui ufano, e mui farfante
   sem pena, ou contradição:
   milagres do Brasil são.

2 Que um Cão revestido em Padre
   por culpa da Santa Sé
   seja tão ousado, que
   contra um Branco ousado ladre:
   e que esta ousadia quadre
   ao Bispo, ao Governador,
   ao Cortesão, ao Senhor,
   tendo naus no Maranhão:
   milagres do Brasil são.

3   Se a este podengo asneiro
    o Pai o alvanece já,
    a Mãe lhe lembre, que está
    roendo em um tamoeiro:
    que importa um branco cueiro,
    se o cu é tão denegrido!
    mas se no misto sentido
    se lhe esconde a negridão:
    milagres do Brasil são.

4   Prega o Perro frandulário,
    e como a licença o cega,
    cuida, que em púlpito prega,
    e ladra num campanário:
    vão ouvi-lo de ordinário
    Tios, e Tias do Congo,
    e se suando o mondongo
    eles só gabos lhe dão:
    milagres do Brasil são.

5   Que há de pregar o cachorro,
    sendo uma vil criatura,
    se não sabe da escritura
    mais que aquela, que o pôs forro?
    quem lhe dá ajuda, e socorro,
    são quatro sermões antigos,
    que lhe vão dando os amigos,
    e se amigos tem um cão:
    milagres do Brasil são.

6   Um cão é o timbre maior
    da Ordem predicatória,

       mas não acho em toda história,
       que o cão fosse pregador:
       se nunca falta um Senhor,
       que lhe alcance esta licença
       a Lourenço por Lourença,
       que as Pardas tudo farão:
       milagres do Brasil são.

7   Já em versos quer dar penada,
       e porque o gênio desbrocha,
       como cão a troche-mocha[106]
       mete unha e dá dentada:
       o Perro não sabe nada,
       e se com pouca vergonha
       tudo abate, é, porque sonha,
       que sabe alguma questão:
       milagres do Brasil são.

8   Do Perro afirmam Doutores,
       que fez uma apologia
       ao Mestre da poesia,
       outra ao sol dos Pregadores:
       se da lua aos resplandores
       late um cão a noite inteira,
       e ela seguindo a carreira
       luz sem mais ostentação:
       milagres do Brasil são.

---

106 A TROCHE-MOCHA (trouxe-mouxe) expressão de origem castelhana que significa confusamente.

9   Que vos direi do Mulato,
    que vos não tenha já dito,
    se será amanhã delito
    falar dele sem recato:
    não faltará um mentecapto,
    que como vilão de encerro
    sinta, que deem no seu perro,
    e se porta como um cão:
    milagres do Brasil são.

10 Imaginais, que o insensato
    do canzarrão fala tanto,
    porque sabe tanto, ou quanto,
    não, senão porque é mulato:
    ter sangue de carrapato
    ter estoraque de congo
    cheirar-lhe a roupa a mondongo
    é cifra de perfeição:
    milagres do Brasil são.

A CERTO HOMEM PRESUMIDO; QUE AFETAVA FIDALGUIAS POR ENGANOSOS MEIOS[107].

Bote a sua casaca de veludo,
E seja Capitão sequer dous dias,
Converse à porta de Domingos Dias[108],
Que pega fidalguia mais que tudo.

Seja um magano, um pícaro abelhudo,
Vá a palácio, e após das cortesias
Perca quando ganhar nas mercancias,
E em que perca o alheio, esteja mudo.

Sempre se ande na caça, e montaria,
Dê nova locução, novo epiteto,
E digo-o sem propósito à porfia;

---

107 NA OPINIÃO do Cônego Fernandes Pinheiro (1825-1876), em *Curso de Literatura Nacional* (1862), esse soneto teria "o propósito de corrigir pelo ridículo a presunção de nobreza que nutriam alguns plebeus da Bahia" (*Curso de Literatura Nacional*. Rio de Janeiro: Cátedra; Brasília: INL, 1978. p.184).

108 DOMINGOS DIAS de acordo com artigo de Adriano Espínola, seria cunhado do poeta, casado com sua irmã Justa Fernandes. Cf. ESPÍNOLA, Adriano. A carta de Maria de Povos a Gregório de Mattos. *Agulha: Revista de Cultura*. 18/19, Fortaleza, São Paulo, nov./dez. 2001. Disponível em: <www.revista.agulha.nom.br/ag18espinola.htm>. Acesso em: 7 abr. 2012.

Que em dizendo: "facção, pretexto, efecto"
Será no entendimento da Bahia
Mui fidalgo, mui rico, e mui discreto.[109]

---

109 MUI FIDALGO, MUI RICO, E MUI DISCRETO define João Adolfo Hansen, de modo preciso: "o discreto [...] tem a prudência e sabe dissimular, logo é 'melhor'. [...] No caso do discreto, valor nuclear é a prudência [...] Outros são o autocontrole das paixões, que reatualiza a Ética a Nicômaco, o estoicismo das sentenças morais de Sêneca e o tacitismo político; ortodoxia católica do desprezo da carne; a excelência nas letras e armas; o desengano; a genealogia do tipo como superior às artes mecânicas; o ideal do cortesão e seus doces negócios, damas, letras e intriga política; a brancura da pele, sem laço algum com as 'raças infectas de mouros, judeus, negros e mulatos'; a ostentação dos signos da posição, como formas pronominais de tratamento, roupas, adornos, gestualidade, dicção, eleições; a agudeza conceituosa do discurso, como 'agudeza prudencial'." (HANSEN, João Adolfo. Discreto/Vulgar: Modelos Culturais nas Práticas da Representação Barroca. *Estudos Portugueses e Africanos*. Campinas: IEL/UNICAMP, n. 17, jan./jun. 1991, p. 33-35.)

AO MESMO SUJEITO PELOS MESMOS ATREVIMENTOS

Faça mesuras de A com pé direito,
Os beija-mãos de gafador[110] de pela,
Saiba a todo o cavalo a parentela,
O criador, o dono, e o defeito.

Se o não souber, e vir rocim de jeito,
Chame o lacaio, e posto na janela,
Mande, que lho passeie a mor cautela,
Que inda que o não entenda, se há respeito.

Saia na armada, e sofra paparotes,
Damas ouça tanger, não as fornique,
Lembre-lhe sempre a quinta, o potro, o galgo:

Que com isto, e o favor de quatro asnotes
De bom ouvir, e crer se porá a pique
De um dia amanhecer um grão-fidalgo.

---

110 GAFADOR DE PELA a palavra gafador não está dicionarizada. Existe, todavia, o verbo gafar, cujo significado é agarrar, entre outros. Desse modo, gafador de pela seria o agarrador de bola do jogo de pela, que andaria sempre curvado, agarrando as pelas, na mesma posição dos beija-mãos.

AOS PRINCIPAIS DA BAHIA CHAMADOS OS CARAMURUS[111].

Há cousa como ver um paiaiá[112]
Mui prezado de ser Caramuru[113],
Descendente de sangue de tatu,
Cujo torpe idioma é cobé pá[114].

A linha feminina é carimá,
Moqueca, pititinga, caruru,
Mingau de puba, e vinho de caju
Pisado num pilão de Piraguá[115].

---

111 AOS PRINCIPAIS DA BAHIA CHAMADOS OS CARAMURUS Sílvio Romero (1851-1914), em *História da Literatura Brasileira*, comenta este soneto: "não se poderia ridicularizar mais a *monomania* daqueles que, ainda hoje, teimam em julgar-se fidalgos, por descenderem dos índios..." (ROMERO, Sílvio. *História da Literatura Brasileira*. 5. ed. Rio de Janeiro: José Olympio, 1953. p. 423).

112 PAIAIÁ grupo indígena que habitava o sertão da Bahia no século XVII. Segundo James Amado (MATOS, Gregório de. *Crônica do viver baiano seiscentista. Obra poética completa*. Códice James Amado. Edição James Amado. 4. ed. Rio de Janeiro: Record, 1999. v. I. p. 640). Segundo Wisnik seria o mesmo que pajé (MATOS, Gregório de. *Poemas escolhidos*. Seleção, introdução e notas de José Miguel Wisnik. São Paulo: Cultrix, 1993. p.100.)

113 CARAMURU como os tupinambás chamaram ao explorador português Diogo Álvares Correia (c.1475-1557).

114 COBÉ PÁ, para James Amado (op. cit., p.169, 640), cobé seria "indígena, descendente de indígena, língua indígena" e pá seria "sim" em tupi. Já para Wisnik (op. cit., p. 100), cobepá seria o "dialeto da tribo cobé, que habitava as cercanias da cidade". Contudo, o próprio Wisnik reconhece que "cobé" seria uma palavra utilizada por Gregório de Matos para designar os indígenas.

115 PIRAGUÁ água parada. Wisnik registra Pirajá, como a antiga denominação de um estuário próximo a Itapagipe, na Bahia.

A masculina é Aricobé[116],
Cuja filha Cobé um branco Paí
Dormiu no promontório de passé[117].

O Branco era um marau, que veio aqui,
Ela era uma Índia de Maré
Cobé pá, Aricobé, Cobé Paí.

---

116 ARICOBÉ segundo James Amado (op. cit., p. 640), seria "o mesmo que *cobé*"; Wisnik (op. cit., p. 100) seria o "nome de uma tribo de índios progenitores do Paiaiá, a que se refere o poeta".
117 PASSÉ grupo indígena que habitava as proximidades do rio Solimões, no Amazonas.

AO MESMO ASSUNTO.

Um calção de pindoba a meia zorra
Camisa de urucu[118], mantéu de Arara,
Em lugar de cotó, arco, e taquara,
Penacho de guarás em vez de gorra.

Furado o beiço, sem temor que morra,
O pai, que lhe envazou c'uma titara,
Sendo a mãe, que a pedra lhe aplicara,
A reprimir-lhe o sangue, que não corra.

Animal sem razão, bruto sem fé,
Sem mais leis, que as do gosto, quando erra,
De Paiaiá virou-se em Abaeté.

Não sei onde acabou, ou em que guerra,
Só sei, que deste Adão de Massapé[119],
Procedem os fidalgos desta terra.

---

118 CAMISA DE URUCU, ou seja, com o corpo pintado de urucum, planta de cuja semente se extrai um corante vermelho.
119 ADÃO DE MASSAPÉ massapé é um tipo de terra argilosa, preta, adequada ao cultivo da cana-de--açúcar. A expressão Adão de Massapé é empregada para se referir ao ancestral dos fidalgos desta terra que, como Adão, no Gênesis, teria sido moldado em barro, no caso, em massapé.

A OUTRA FREIRA, QUE SATIRIZANDO A DELGADA FISIONOMIA DO POETA LHE CHAMOU PICA-FLOR.

Se Pica-flor me chamais,
Pica-flor aceito ser,
mas resta agora saber,
se no nome, que me dais,
meteis a flor, que guardais
no passarinho melhor!
se me dais este favor,
sendo só de mim o Pica,
e o mais vosso, claro fica,
que fico então Pica-flor.

ANA MARIA ERA UMA DONZELA NOBRE, E RICA, QUE VEIO DA ÍNDIA SENDO SOLICITADA DOS MELHORES DA TERRA PARA DESPOSÓRIOS, EMPRENDEU FR. THOMAZ CABALLA COM O DITO, E O CONSEGUIU.[120]

Sete anos a Nobreza da Bahia
Serviu a uma Pastora Indiana, e bela,
Porém serviu a Índia, e não a ela,
Que à Índia só por prêmio pretendia.

Mil dias na esperança de um só dia
Passava contentando-se com vê-la:
Mas Fr. Tomás usando de cautela,
Deu-lhe o vilão, quitou-lhe a fidalguia.

Vendo o Brasil, que por tão sujos modos
Se lhe usurpara a sua Dona Elvira[121],
Quase a golpes de um maço, e de uma goiva:

Logo se arrependeram de amar todos,
E qualquer mais amara, se não fora
Para tão limpo amor tão suja Noiva.

---

120 TRATA-SE de paródia do célebre soneto camoniano: *Sete anos de pastor Jacó servia*.
121 DONA ELVIRA, filha de Rodrigo Díaz de Vivar, conhecido como El Cid (1043-1099). No poema anônimo *Cantar de mio Cid*, Dona Elvira e sua irmã, Dona Sol, casam-se com os infantes de Carrión que, no entanto, mostraram-se covardes contra os mouros e vingaram-se nas esposas, açoitando-as e abandonando-as desfalecidas. O Cid os vence em duelo, e Dona Elvira casa-se com o príncipe de Navarra.

ENCONTRO QUE TEVE COM UMA DAMA, MUI ALTA, CORPULENTA, E DESENGRAÇADA.

1   Mui alta, e mui poderosa
Rainha, e Senhora minha,
por poderosa Rainha,
Senhora por alterosa:
permiti, minha formosa,
que esta prosa envolta em verso
de um Poeta tão perverso
se consagre a vosso pé,
pois rendido à vossa fé
sou já Poeta converso.

2   Fui ver-vos, vim de admirar-vos,
e tanto essa luz me embaça,
que aos raios da vossa graça
me converti a adorar-vos:
servi-vos de apiedar-vos,
ídolo d'alma adorado,
de um mísero, de um coitado,
a quem só consente Amor
por galardão um rigor,
por alimento um cuidado.

3   Dai-me por favor primeiro
    ver-vos uma hora na vida,
    que pela vossa medida
    virá a ser um ano inteiro:
    permiti, belo luzeiro
    a um coração lastimado,
    que por destino, ou por fado
    alcance um sinal de amor,
    que sendo vosso o favor
    será por força estirado.

4   Fodamo-nos, minha vida,
    que estes são os meus intentos,
    e deixemos cumprimentos,
    que atto tendes de comprida:
    eu sou da vossa medida,
    e com proporção tão pouca
    se este membro vos emboca,
    creio, que a ambos nos fica
    por baixo crica com crica,
    por cima boca com boca.

PRETENDE AGORA (POSTO QUE EM VÃO) DESENGANAR AOS SEBASTIANISTAS, QUE APLICAVAM O DITO COMETA À VINDA DO ENCOBERTO.[122]

Estamos em noventa era esperada
De todo o Portugal, e mais conquistas,
Bom ano para tantos Bestianistas,
Melhor para iludir tanta burrada.

Vê-se uma estrela pálida, e barbada,
E deduzem agora astrologistas
A vinda de um Rei morto pelas listas,
Que não sendo dos Magos é estrelada.

Oh quem a um Bestianista pergunta,
Com que razão, ou fundamentos, espera
Um Rei, que em guerra d'África acabara?

E se com Deus me dá; eu lhe dissera,
Se o quis restituir, não o matara,
E se o não quis matar, não o escondera.

---

[122] PRETENDE AGORA (POSTO QUE EM VÃO) DESENGANAR AOS SEBASTIANISTAS, QUE APLICAVAM O DITO COMETA À VINDA DO ENCOBERTO de acordo com Francisco Topa: "D. Sebastião, 16.º rei de Portugal, viveu entre 1554 e 4 de Agosto de 1578, data em que faleceu na batalha de Alcácer Quibir, no norte de África, sem deixar descendentes, o que levaria a que Portugal perdesse a sua independência dois anos depois. Gerou-se assim a crença – que está na base do Sebastianismo – de que o rei não tinha morrido na batalha e iria regressar a Portugal, numa noite de nevoeiro. O cometa em causa foi avistado no Brasil entre 6 e 23 de Dezembro de 1689" (TOPA, op. cit., p. 377).

POR OCASIÃO DO DITO COMETA REFLETINDO O POETA OS MOVIMENTOS QUE UNIVERSALMENTE INQUIETAVAM O MUNDO NAQUELA IDADE, O SACODE GERALMENTE COM ESTA CRISE.

1 Que esteja dando o Francês
camoesas[123] ao Romano,
castanhas ao Castelhano,
e ginjas ao Português:
e que estejam todos três
em uma seisma[124] quieta
reconhecendo esta treta
tanto à vista, sem a ver.
Será: mas porém a ser
efeitos são do cometa.

2 Que esteja o Inglês mui quedo
e o Holandês mui ufano
Portugal cheio de engano,
Castela cheia de medo:
e que o Turco viva ledo
vendo a Europa inquieta,
e que cada qual se meta

---
123 CAMOESA tipo de maçã.
124 SEISMA a sexta parte de um todo. A palavra, contudo, não faz sentido no verso. Talvez possa se tratar de erro de cópia, no lugar de scisma (atualmente, cisma): devaneio, divagação.

em uma cova a temer,
tudo será: mas a ser
efeitos são do cometa.

3 Que esteja o francês zombando,
e a Índia padecendo,
Itália olhando, e comendo,
Portugal rindo, e chorando:
e que os esteja enganando,
quem sagaz os inquieta,
sem que nada lhes prometa!
Será: mas com mais razão,
segundo a minha opinião
efeitos são do cometa.

4 Que esteja Angola de graça,
o Marzagão cai não cai,
o Brasil feito cambrai,
quando Holanda feita caça:
e que jogue a passa-passa
conosco o Turco Maometa,
e que assim nos acometa!
Será, pois é tão ladino:
porém segundo imagino,
efeitos são do cometa.

5 Que venham os Franchinotes
com engano sorrateiro
a levar-nos o dinheiro
por troco de assobiotes:
que as patacas em pipotes
nos levem à fiveleta!

Não sei se nisto me meta!
Porém sem meter-me em rodas,
digo, que estas cousas todas
efeitos são do cometa.

6 Que venham homens estranhos
às direitas, e às esquerdas
trazer-nos as suas perdas,
e levar os nossos ganhos!
e que sejamos tamanhos
ignorantes, que nos meta
em debuxos a gazeta!
Será, que tudo é pior:
mas porém seja, o que for,
efeitos são do cometa.

7 Que havendo tantas maldades,
como exprimentado temos,
tantas novidades vemos,
não havendo novidades:
e que estejam as cidades
todas postas em dieta,
mau é: porém por decreta
permissão do mesmo Deus,
se não são pecados meus,
efeitos são do cometa.

8 Que se vejam sem razão
no extremo, em que se veem,
um tostão feito um vintém,
e uma pataca um tostão;
e que estas mudanças vão

fabricadas à curveta,
sem que a ventura prometa
nunca nenhuma melhora!
Será: que pois o céu chora,
efeitos são do cometa.

9   Que o Reino em um estaleiro
esteja, e nesta ocasião
haja pão, não haja pão,
haja, não haja dinheiro:
e que se tome em Aveiro
todo o ouro, e prata invecta[125]
por certa via secreta;
eu não sei, como isto é:
porém já que assim se vê,
efeitos são do cometa.

10   Que haja no mundo, quem tenha
guisados para comer,
e traças para os haver,
não tendo lume, nem lenha:
e que sem renda mantenha
carro, carroça, carreta,
e sem ter adonde os meta,
dentro em si tanto acomode!
Pode ser: porém se pode,
efeitos são do cometa.

---

125 INVECTA é, para James Amado, "trazida, transportada, puxada à força, arrastada, arrebatada; neologismo por via latina, *invectus*, do verbo *inveho*, com aqueles significados" (MATOS, Gregório de. *Crônica do viver baiano seiscentista. Obra poética completa.* 4. ed. Códice James Amado. Edição James Amado. Rio de Janeiro: Record, 1999. v. II. p. 908).

11   Que andem os oficiais
      como fidalgos vestidos,
      e que sejam presumidos
      os humildes como os mais:
      e que sejam presumidos
      cavalgue sem a maleta,
      e que esteja tão quieta
      a cidade, e o povo mudo!
      Será: mas sendo assim tudo
      efeitos são do cometa.

12   Que se vejam por prazeres,
      sem repararem nas fomes
      as mulheres feitas homens,
      e os homens feitos mulheres:
      e que estejam os misteres
      enfronhados na baeta,
      sem ouvirem a trombeta
      do povo, que é um clarim!
      Será: porém sendo assim,
      efeitos são do cometa.

13   Que vista, quem rendas tem,
      galas vistosas por traça,
      suposto que bem mal faça,
      inda que mal, fará bem:
      mas que vista, quem não tem
      mais que uma pobre sarjeta,
      que lhe vem pela estafeta
      por milagre nunca visto!
      Será: porém sendo isto
      efeitos são do cometa.

14   Que não veja, o que há de ver
mal no bem, e bem no mal,
e se meta cada qual,
no que não se há de meter:
que queira cada um ser
Capitão sem ter gineta,
sendo ignorante profeta,
sem ver, quem foi, e quem é!
Será: mas pois se não vê,
efeitos são do cometa.

15   Que o pobre, e rico namore,
e que com esta porfia
o pobre alegre se ria,
e que o rico triste chore:
e que o presumido more
em palácio sem boleta,
e por não ter, que lhe meta,
o tenha cheio de vento!
Pode ser: mas ao intento
efeitos são do cometa.

16   Que ande o mundo, como anda,
e que se ao som do seu desvelo
uns bailem ao saltarelo
e os outros à sarabanda:
e que estando tudo à banda[126],
sendo eu um pobre Poeta,
que nestas cousas me meta,
sem ter licença de Apolo!

---

126 À BANDA inclinado para o lado; no caso, possivelmente com o sentido de fora do lugar.

Será: porém se eu sou tolo,
efeitos são do cometa.

EMBARCADO PARA O DEGREDO E POSTOS OS OLHOS NA SUA INGRATA PÁTRIA LHE CANTA DESDE O MAR AS DESPEDIDAS

Adeus praia, adeus Cidade,
e agora me deverás,
Velhaca, dar eu adeus,
a quem devo ao demo dar.
Que agora, que me devas
dar-te adeus, como quem cai,
sendo que estás tão caída,
que nem Deus te quererá.
Adeus Povo, adeus Bahia,
digo, Canalha infernal,
e não falo na nobreza
tábula, em que se não dá,
Porque o nobre enfim é nobre,
quem honra tem, honra dá,
pícaros dão picardias,
e inda lhes fica, que dar.
E tu, Cidade, és tão vil,
que o que em ti quiser campar,
não tem mais do que meter-se
a magano, e campará.

Seja ladrão descoberto
qual águia imperial,
tenha na unha o rapante,
e na vista o perspicaz.
A uns compre, a outros venda,
que eu lhe seguro o medrar,
seja velhaco notório,
e tramoeiro fatal.
Compre tudo, e pague nada,
deva aqui, deva acolá
perca o pejo, e a vergonha,
e se casar, case mal.
Com branca não, que é pobreza,
trate de se mascavar[127];
vendo-se já mascavado,
arrime-se a um bom solar.
Porfiar em ser fidalgo,
que com tanto se achará;
se tiver mulher formosa,
gabe-a por esses poiaes[128].
De virtuosa, talvez,
e de entendida outro tal,
introduza-se ao burlesco
nas casas, onde se achar.
Que há Donzela de belisco,
que aos punhos se gastará,
trate-lhes um galanteio,
e um frete, que é principal.
Arrime-se a um poderoso,

---

127 SE MASCAVAR tornar-se impuro.
128 POIAES poiais, lugar onde se assenta alguma coisa.

que lhe alimente o gargaz,
que há pagadores na terra,
tão duros como no mar.
A estes faça alguns mandados
a título de agradar,
e conservar-se a mlulaávi,
confessando o desigual.
Intime-lhe a fidalguia,
que eu creio, que crerá,
porque fique ela por ela,
quando lhe ouvir outro tal.
Vá visitar os amigos
no engenho de cada qual,
e comendo-os por um pé,
nunca tire o pé de lá.
Que os Brasileiros são bestas,
e estarão a trabalhar
toda a vida por manter
maganos de Portugal.
Como se vir homem rico,
tenha cuidado em guardar,
que aqui honram os mofinos,
e mofam dos liberais.
No Brasil a fidalguia
no bom sangue nunca está,
nem no bom procedimento,
pois logo em que pode estar?
Consiste em muito dinheiro,
e consiste em o guardar,
cada um o guarde bem,
para ter que gastar mal.
Consiste em dá-lo a maganos,

que o saibam lisonjear,
dizendo, que é descendente
da casa do Vila Real.
Se guardar o seu dinheiro,
onde quiser, casará:
os sogros não querem homens,
querem caixas de guardar.
Não coma o Genro, nem vista
que esse é genro universal;
todos o querem por genro,
genro de todos será.
Oh assolada veja eu
Cidade tão suja, e tal,
avesso de todo o mundo,
só direita em se entortar.
Terra, que não parece
neste mapa universal
com outra, ou são ruins todas,
ou ela somente é má.

NICOLAU DE TAL PROVEDOR DA CASA DA MOEDA EM LISBOA, QUE SENDO BEM-VISTO D'EL REY DOM PEDRO II[129] ENCONTRAVA OS REQUERIMENTOS DO POETA: O QUAL ENFADADO DAS SUAS DEMASIAS LHE SACUDIU O CAIXEIRO DESTA SÁTIRA.

Marinículas[130] todos os dias
O vejo na sege passar por aqui
Cavalheiro de tão lindas partes
Como *verbi gratia*[131] Londres, e Paris.

Mais fidalgo que as mesmas estrelas,
Que às doze do dia viu sempre luzir,
Porque o Pai, por não sei que desastre,
Tudo, o que comia, vinha pelo giz[132].

Peneirando-lhe os seus avolórios[133]
É tal a farinha do Ninfo[134] gentil,

---

129 D. PEDRO II (1648-1706) último monarca do Império do Brasil, subiu ao trono para suceder o irmão, D. Afonso VI, em 1683.
130 MARINÍCULAS forma que seria, na época, diminutivo de maricas, efeminado.
131 VERBI GRATIA expressão latina que significa por exemplo.
132 VINHA PELO GIZ, ou seja, o pai de Marinículas era alfaiate. Aliás, o verso anterior termina com a palavra desastre, cujas sílabas finais formam sastre, sinônimo de alfaiate.
133 AVOLÓRIOS forma não dicionarizada. Possivelmente, forma pejorativa usada para se referir aos antepassados (avôs, avoengos) da personagem.
134 NINFO masculino de ninfa, que não existe. Continua o poeta a esboçar o retrato satírico que traça da personagem, reforçado pelo adjetivo gentil.

Que por machos é sangue Tudesco,
Porém pelas fêmeas humor meretriz.

Um Avô, que rodou esta Corte
Num coche de a quatro de um D. Bleaniz,
Sobre mulas, foi tão atrativo,
Que os senhores todos trouxe após de si.

Foi um grande verdugo de bestas,
Que com um azorrague, e dous borzeguins
Ao compás dos maus passos, que dava,
Lhes ia cantando o lá sol fá mi.

Marinículas era muchacho
Tão grão rabaceiro[135] de escumas de rim[136],
Que jamais para as toucas olhava
Por achar nas calças melhor fraldelim.

Sendo já sumilher de cortina[137]
De um sastre de barbas saiu aprendiz,
Dado só às lições de canudo[138]
Rapante da espécie de pica viril.

Cabrestilhos tecendo em arame
Tão pouco lucrava no pátrio País,

---

135 RABACEIRO "[...] bubão de má casta, indisposto às tarefas do conhecimento e às virtudes, e propenso aos tratos do estômago e ao sono" (SPINA, Segismundo. Monografia do Marinícolas. *Revista brasileira*. Rio de Janeiro: Academia Brasileira de Letras, n. 17, jun.-set. 1946, p. 97).

136 ESCUMAS DE RIM "urina" (Idem , ibidem, p. 97).

137 SUMILHER DE CORTINA "[...] eram fidalgos religiosos que corriam a cortina da tribuna del-Rei na capela real e faziam os demais serviços concernentes a essa cerimônia. Em Espanha, Carlos V criou o 'sumilher da camisa', que vestia ao rei." (Idem , ibidem, p. 97).

138 LIÇÕES DE CANUDO "[...] lições de trapaça, escamoteamento" (Idem , ibidem, p. 97).

Que se foi, dando velas ao vento[139],
Ao reino dos servos, não mais que a servir.

Lá me dizem, que fez carambola
Com certo Cupido[140], que fora daqui
Empurrado por umas Sodomas
No ano de tantos em cima de mil.

Por sinal, que no sítio nefando
Lhe pôs a ramela do olho servil
Um travesso, porque de caveira
A seus cus servisse aquele âmbar gris.

Mordeduras de perro raivoso
Com pelo se cria do mesmo mastim[141],
E aos mordidos do rabo não pode
O sumo do rabo de cura servir.

Tanto enfim semeou[142] pela terra,
Que havendo colhido bastante quatrim,
Resolvendo-se a ser Piratanda,
Cruzou o salobre, partiu o Zenith.

Avistando este nosso hemisfério
Colou pela barra em um bergantim,
Pôs em terra os maiores joanetes,

---

139 DANDO VELAS AO VENTO embarcando em um barco a vela.
140 FEZ CARAMBOLA / COM CERTO CUPIDO "[...] esquivava-se naturalmente de algum casamento" (SPINA, op. cit., p. 97).
141 MASTIM "[...] cão de guarda. É superstição de que se curavam mordeduras de cães raivosos com o próprio pelo do animal" (Idem, ibidem, p. 97).
142 SEMEOU, segundo Segismundo Spina, significaria "[...] prodigalizou certa espécie de libertinagem" (Idem, ibidem, p. 97). Possivelmente, lançava o sêmen na terra.

Que viram meus olhos depois que nasci.

Pretendendo com recancanilhas[143]
Roubar as guaritas de um salto sutil,
Embolsava com alma de gato[144]
A risco do sape dinheiro do mis.

Senão quando na horta do Duque,
Andando de ronda um certo malsim,
Estremando-lhe um cão pexilingre
O demo do gato deitou o ceitil.

Mariniculas vendo-se entonces
De todo expulgado sem maravedim[145],
Alugava rapazes ao povo,
Por ter de caminho, de quem se servir.

Exercendo-os em jogos de mãos
Tão lestos andavam do destro Arlequim
Que se não lhes tirara a peçonha,
Ganhara com eles dous mil potosis[146].

A tendeiro se pôs de punhetas,
E na tabuleta mandou esculpir
Dous cachopos, e a letra dizia

---

143 RECANCANILHAS "[...] palavra espanhola, que no sentido figurado significa força de expressão que se dá às palavras para que as note e compreenda bem quem as ouve." (Idem, ibidem, p. 97).

144 ALMA DE GATO "[...] ave do Brasil tamanho de um tordo. Os portugueses assim lhe chamavam 'por ser nesse nome muito tenaz a vitalidade'." (Idem, ibidem, p. 97).

145 MARAVEDIM (maravedi) pequena moeda corrente na Península Ibérica.

146 POTOSIS "Potosi era capital do distrito do mesmo nome, cidade do antigo Peru, de onde vieram para os espanhóis grandes riquezas. Daí potosi significar riqueza, por metonímia." (SPINA, op. cit., p. 97-98).

Los ordeñadores se alquilan aqui[147].

Tem por mestre do terço fanchono
Um pajem de lança[148], que Marcos se diz,
Que se ao rabo por casa anda dele,
O traz pelas ruas ao rabo de si.

Uma tarde, em que o Perro celeste
Do sol acossado se pôs a latir,
Marinícula estava com Marcos
Limpando-lhe os moncos de certo nariz.

Mas sentindo ruído na porta,
Adonde batia um Gorra civil[149],
Um, e outro se pôs de fugida
Temiendo los dientes de algum Javali.

Era pois o Baeta[150] travesso,
Que se um pouco dantes aportara ali,
Como sabe latim o Baeta,
Pudiera cogerlos[151] en un mal Latim.

---

147 LOS ORDEÑADORES SE ALQUILAN AQUI tradução: Os ordenadores se alugam aqui. Segundo Segismundo Spina, "[...] *alquilar*: o mesmo que alugar, particularmente falando-se de cavalo ou outro qualquer animal, que se aluga para serviço de certo tempo e mediante certa quantia." (Idem, ibidem, p. 98).

148 PAJEM DE LANÇA "[...] o moço que leva ao cavaleiro a lança, enquanto não peleja com ela." (Idem , ibidem, p. 98).

149 GORRA CIVIL "[...] gorra era uma cobertura da cabeça, usada antigamente pelos estudantes das universidades, e que usavam também os populares em ocasião de lutos reais. É, na forma, o gorro de hoje. Manuel de Faria, comentando certo passo camoniano (c. 2, est. 98), diz que a forma dos gorros daqueles tempos se conservava somente em retratos e em oficiais de regimentos de cidades em atos públicos." (Idem , ibidem, p. 98).

150 BAETA "[...] tecido de lã, felpudo, grosseiro, de inferior qualidade, e por transposição de sentido se passou a designar o indivíduo de pouca importância, um alfenim, de poucas prendas, denominação ainda corrente em Portugal, e não registada pelos dicionaristas. Dizemos aqui, da mesma forma, um *banana*" (Idem , ibidem, p. 98).

151 PUDIERA COGERLOS, expressão espanhola: pudera colhê-los.

Ao depois dando dele uma força
Ás alcoviteiras do nosso confim,
Lhe valei no sagrado da Igreja
O nó indissolúvel de um rico Mongil.

Empossado da simples consorte
Cresceu de maneira naqueles chapins.
Que inda hoje dá graças infindas
Aos falsos informes de quis quid vel qui[152].

Não obstante pagar de vazio
O santo Himeneu o pícaro vil,
Se regala a ufa do sogro
Comendo, e bebendo como um Muchachim[153].

Com chamar-me prudente com todos,
Que muitos babosos o têm para si,
Ele certo é o meu desenfado,
Que um tolo prudente dá muito que rir.

É dotado de um entendimento
Tão vivo, e esperto, que fora um Beliz,
Se lhe houvera o juízo ilustrado
Um dedo de Grego, com dous de Latim.

Entre gabos o triste idiota
Tão pago se mostra dos seus gorgutiz,

---

152 QUIS QUID VEL QUI expressão latina que significa quem, o quê ou como. Segundo James Amado, era o "[...] levantamento de antecedentes que precede o casamento" (MATOS, Gregório de. *Crônica do viver baiano seiscentista. Obra poética completa.* 4. ed. Códice e edição James Amado. Rio de Janeiro: Record, 1999. v. II. p. 1226).

153 MUCHACHIM "[...] diminutivo de muchacho, *mais o* sufixo diminutivo – *im*, de procedência tupi." (SPINA, op. cit., p. 98).

Que nascendo sendeiro de gema,
Quer à fina força meter-se a rocim.

Deu agora em famoso arbitrista,
E quer por arbítrios o bruto Malsim,
Que o vejamos subir à excelência,
Como diz que vimos Montalvão[154] subir.

Sendo pois o alterar da moeda
O assopro, o arbítrio, o ponto, e o ardil,
De justiça (a meu ver) se lhe devem
As honras, que teve Ferraz[155], e Soliz[156].

Deem com ele no alto da forca,
Adonde o Fidalgo terá para si,
Que é o mais estirado de quantos
Beberam no Douro[157], mijaram no Rhim[158].

Seu intento é bater a moeda,
Correrem-lhes gages, e ser Mandarim,

---

154 MONTALVÃO "D. Jorge de Mascarenhas, marquês de Montalvão, que viveu da segunda metade do século XVI a 1652, ano em que morreu em Lisboa, coroado de glórias e de títulos. De início alcançou grandes vitórias contra os mouros, fato que lhe valeu o título de Conde de Castelo Novo; em 1640 é nomeado governador do Brasil, e aqui lutou tenazmente contra os holandeses. Mais tarde, quando de volta para Lisboa, D. João IV lhe conferira uma vedoria de fazenda, sendo logo após nomeado Conselheiro de Estado e Presidente do Conselho Ultramarino, e em 1645 D. João IV culminara a ascensão de Mascarenhas com o título de Mestre de Campo General junto ao rei." (Idem , ibidem, p. 98).

155 FERRAZ "Possivelmente Antônio Paes Ferraz. É autor de um 'discurso astrológico de influências da maior conjunção de Júpiter e de Marte, sucedida a 8 de agosto de 1660, pretendendo provar, baseado também nas profecias de Bandarra e nos princípios da astrologia judiciária que aquela conjunção planetária prometia grandes aumentos e felicidades da corôa imperial a Afonso VI'." (Idem , ibidem, p. 98).

156 SOLIZ "Duarte Gomes Soliz. Foi um escritor financeiro do século XVII, nascido em Lisboa e falecido em Madri." (Idem, ibidem, p. 98).

157 DOURO rio que separa Portugal e Espanha.

158 RHIM rio Reno, que corta a Alemanha.

Porque andando a moeda na forja
Se ri de Cuama[159], de Scena[160], e de Ofir[161].

Sempre foi da moeda privado,
Mas vendo-me agora Senhor, e Juiz,
Condenando em portais a moeda
Abriu às unhadas porta para si.

Muito mais lhe rendeu cada palmo
Daquela portada, que dous potosis.
Muito mais lhe valeu cada pedra,
Que vale um ochavo[162] de Valladolid.

Pés de pugas[163] com topes de seda,
Cabelos de cabra em pós de marfim[164],
Pés e pugas de rir o motivo,
Cabelos, e topes motivos de rir.

Uma Tia, que abaixo do muro
Lanções esquarteja, me dizem, que diz,
Sua Alteza (sem ver meu Sobrinho)
A nada responde de não, ou de sim.

Pois a Prima da Rua do Saco[165]
Tão bem se reputa de todos ali,

---

159 CUAMA rio de Moçambique.
160 SCENA rio Sena, que corta Paris.
161 OFIR região citada na Bíblia (por exemplo, em I Reis 9, 28) pela abundância de ouro.
162 OCHAVO moeda espanhola de cobre criada por Felipe III.
163 PUGAS peúgas, meias curtas.
164 PÓS DE MARFIM era costume, na época, empoar com polvilho ou pó de arroz os cabelos, que ficavam esbranquiçados.
165 RUA DO SACO rua de Lisboa.

Que a furaram como valadouro[166]
Para garavato de certo candil.

Outras Tias me dizem, que tinha
Tão fortes galegas, e tão varonis,
Que sobre elas foi muita mais gente
Que sobre as Espanhas no tempo do Cid[167].

Catarina conigibus[168] era
Uma das Avós da parte viril,
Donde vem conicharem-se todos
As conigibundas do tal generiz[169].

Despachou-se com hábito, e tença
Por grandes serviços, que fez ao sofi,
Em matar nos fiéis Portugueses
De puro enfadonho três, ou quatro mil.

E porque de mecânica tanta
Não foi dispensado, tenho para mim,
Que em usar da mecânica falsa
Se soube livrar da mecânica vil.

---

166 VALADOURO, possivelmente, velador. Segundo Rafael Bluteau, "Velador. É um pau comprido e redondo, da altura de um homem, com seus pés embaixo, e com buracos, em que se mete a candeia de garavato" (Disponível em: <www.brasiliana.usp.br/bbd/handle/1918/002994-07#page/384/mode/1up>. Acesso em: 9 abr. 2012. A ortografia foi atualizada).
167 QUE SOBRE AS ESPANHAS NO TEMPO DO CID alusão a Rodrigo Díaz de Vivar, conhecido como El Cid (1043-1099).
168 CONIGIBUS. Segundo James Amado, "[...] nessa estrofe GM inventa um adjetivo latino (*conigibus*), um verbo (*conichar*) e outro suspeitíssimo termo latino, um substantivo *conigibundas*, de eco bárbaro, todos evocando a palavra *cona*, para satirizar as qualidades sexuais dos avoengos de Marinículas" (MATOS, Gregório de. *Crônica do viver baiano seiscentista. Obra poética completa*. 4. ed. Códice e edição James Amado. Rio de Janeiro: Record, 1999. v. II. p. 1228).
169 GENERIZ genetriz, a que gera, mãe.

É possível que calce tão alto
A baixa vileza de um sujo escarpim,
Para o qual não é água bastante
A grossa corrente do Guadalquebir[170]?

Marinículas é finalmente
Sujeito de prendas de tanto matiz,
Que está hoje batendo moeda,
Sendo ainda ontem um vilão ruim.

---

170 GUADALQUEBIR, ou Guadalquivir, rio que corta a Andaluzia, passando por cidades como Córdova e Sevilha.

BATE-PAPO PÓS-LEITURA
O poeta e seu exílio

> Carregado de mim ando no mundo,
> E o grande peso embarga-me as passadas,
> Que como ando por vias desusadas,
> Faço o peso crescer, e vou-me ao fundo.
>
> Gregório de Matos. *Poesias selecionadas*, "Queixa-se o poeta em que o mundo vay errado...", p. 63.

O Brasil era açúcar

> O momento histórico não favorecia a expansão da criação literária. Canalizavam-se as energias disponíveis muito mais para o alastramento e consolidação do império português do que para a reelaboração poética do mundo.
>
> Antonio Dimas[1]

---

1 GREGÓRIO de Matos. Seleção de textos, notas, estudo biográfico, histórico e crítico por Antonio Dimas. 2. ed. São Paulo: Nova Cultural (Literatura Comentada), 1988. p. 10.

Para compreendermos melhor a poesia de Gregório de Matos Guerra, é útil nos imaginarmos numa breve viagem no tempo e nos transportarmos para o Brasil do final do século XVII.

Houve quem afirmasse que o Brasil de então, e até antes da chegada da Família Real, em 1808, não era um país, mas uma "enorme fazenda", com um escritório central – o Rio de Janeiro –, que registrava e controlava tudo o que se produzia aqui, visando principalmente manter o monopólio de Portugal. Os comerciantes portugueses (apenas os que exerciam o posto oficialmente como funcionários da Coroa, já que não havia, propriamente falando, iniciativa privada no ramo da importação e exportação) eram nosso único contato com o mundo. Ou melhor, o mundo era proibido de existir para os habitantes da Colônia. O Brasil vivia em função da produção do açúcar.

Por aqui, sem meias palavras, reinava a ignorância e até mesmo o obscurantismo. O zelo da Coroa por seus privilégios comerciais ia ao extremo de proibir que se publicassem livros e jornais na Colônia, controlando todo o material impresso que chegava de Portugal. O analfabetismo era quase absoluto, e, a rigor, em grande parte do Brasil, principalmente em povoações e trilhas distantes do litoral, não se falava o português, mas o que se chamava de Língua Geral, adotada até por algumas missões jesuítas, uma mistura de português com idiomas indígenas[2].

Nascido numa família de recursos, Gregório de Matos pôde estudar num colégio jesuíta (uma das raras instituições educacionais cujo funcionamento aqui era tolerado pela Coroa) em Salvador. Ainda adolescente, embarcou para Portugal e, poucos anos depois, ingressou na Universidade de Coimbra, um

---

2 VER "O português no Brasil", cap. IV. In: TEYSSIER, Paul. *História da língua portuguesa*. São Paulo: Martins Fontes, 1997.

dos centros culturais da Europa Ocidental e referência de erudição para o Império Português. Lá, estudou por nove anos. Teve contato com o melhor da literatura portuguesa e espanhola da época – como as obras dos expoentes do Barroco, Quevedo e Góngora[3] – e com parte do restante da literatura europeia, leituras que traria como influência por toda a vida.

Há lacunas em sua biografia e controvérsias entre os estudiosos, mas se costuma estimar que, no final dos anos 1670 ou no início da década de 1680, ou seja, com cerca de 50 anos, estivesse de volta ao Brasil. O choque cultural, depois de algumas décadas afastado, deve ter sido intenso e doloroso. E ele retornava a um Brasil onde, segundo muitos estudiosos, não se poderia sequer considerar que existisse uma *literatura*. Faltavam obras sendo produzidas e circulando, faltavam autores e, principalmente, faltava público leitor.

Gregório chegou de Portugal já poeta – alguns biógrafos afirmam que sua poesia satírica e o ataque que por meio dela dirigiu a autoridades foram as causas de sua *expulsão* de Lisboa. E aqui se deparou com um meio hostil, ou pelo menos indiferente e alheio, à sensibilidade e atividade poéticas.

Em sua própria terra, por força da poesia que criava, pela solidão e agonia em que sua prática poética o lançava, Gregório, antes de ser efetiva e fisicamente degredado para a África (novamente por conta das desavenças e de suas sátiras), viveu o exílio. Em Salvador, ele era um *dessemelhante*[4].

---

3 FRANCISCO Gómez de Quevedo y Villegas (1580-1645) e Luis de Góngora y Argote (1561-1627): poetas e figuras proeminentes do chamado Século de Ouro Espanhol, quando a Espanha conquistou grande poder sobre a navegação do Atlântico e sua literatura desenvolveu-se brilhantemente.

4 "TRISTE Bahia", neste volume, p.153.

E, ainda assim, poeta

> Em toda a sua poesia, o achincalhe e a denúncia encorpam-se e movem-se à força de jogos sonoros, de rimas burlescas, de uma sintaxe apertada e ardida, de um léxico incisivo, quando não retalhante; tudo o que dá ao estilo de Gregório de Matos uma verve não igualada em toda a história da sátira brasileira posterior.
>
> Alfredo Bosi[5]

A poesia de Gregório de Matos causa polêmicas até hoje, principalmente na determinação de seu valor literário. Há avaliações mais altas ou mais baixas, dependendo do autor. Uma das razões disso é justamente a falta de uma referência do seu impacto na época. O que sabemos é que Gregório de Matos não publicou livros em vida; que muitos de seus poemas circularam avulsos, em forma de folha volante; que alguns dos que foram atribuídos a ele não saíram de sua mão. E que sua poesia satírica e seu ataque constante às autoridades, esses sim repercutiram e o fizeram passar à posteridade, embora com os apelidos pejorativos de Boca do Inferno ou Boca de Brasa.

Outra razão das diferentes opiniões sobre sua obra é a diversidade, inclusive de visões de mundo, expressa em seus poemas[6]. Sua poesia ora se dissolve em culpas, em pedidos de perdão por seus pecados e no êxtase religioso; ora enverada pelo erotismo e pelo linguajar considerado por muitos chulo e chocante... Não obstante, é estimado por muitos autores, como José Guilherme Merquior, que

---

5 *HISTÓRIA concisa da Literatura Brasileira.* 3. ed. São Paulo: Cultrix, 1984. p. 45.

6 FICA patente na leitura dos poemas de Gregório de Matos a exuberância verbal, que entre outros efeitos resultou na introdução de palavras de uso local, nos seus poemas, e que Segismundo Spina reputa como um inovador "lirismo crioulo" (SPINA, Segismundo. *A poesia de Gregório de Matos.* São Paulo: Edusp, 1995. p. 49-50).

formula para isso o conceito de "realismo erótico"[7], chegando a qualificar Gregório de Matos de o "grande poeta libertino do mundo ibérico"[8]. No entanto, em outros poemas, o mesmo poeta é o apaixonado platônico, encontrando imagens castas para louvar as qualidades intocáveis do ser amado. Ainda, em mais outro viés, é o imclemento satírico, atacando personalidades e costumes de seu meio – a mediocridade dos mandatários e celebridades, o apadrinhamento e favorecimento em prejuízo do bem público e da justiça etc. Mas não faltam autores que reconhecem a beleza de sua poesia.

Assim, mesmo em ambiente adverso, essa "criatura poética", lutando contra dilemas íntimos e sem o consolo do mundo para sua poesia, criou uma obra que até hoje se mantém pulsante, ousada, repleta de enigmas a serem desvendados pelos estudiosos e de sabores (e prazeres) a serem desfrutados pelos leitores.

Depois de mais de 300 anos, finalmente Gregório de Matos – redescoberto nas edições críticas e ensaios publicados no século passado – encontra seu público. Os poemas nesse volume sobreviveram ao tempo e às imposições do silêncio.

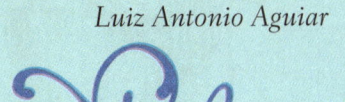

Luiz Antonio Aguiar

---

7   *DE Anchieta a Euclides: breve história da Literatura Brasileira.* 2. ed. Rio de Janeiro: José Olympio, 1979. p. 21.
8   *OP. cit.*, idem.

Gregório de Matos

Colérico, vulcânico, explosivo

Pintura representa o poeta Gregório de Matos.

F. Briguiet. Século XIX. Coleção particular

> Nasceu para colérico, vulcânico, explosivo. A humanidade circundante vivia debaixo do cautério[9] desse baiano incorrigível; muitas vezes desejou que o mundo todo ardesse em chamas.
>
> Segismundo Spina[10]

> A musa gregoriana teve múltiplas dimensões: sacra, moral, erótica, satírica e escatológica, de fronteiras, bem entendido, móveis... porém, suas realizações mais vigorosas tendem a concentrar-se na gozação desbocada, apelando com sucesso para as alusões chulas...
>
> José Guilherme Merquior[11]

O Boca do Inferno. O Boca de Brasa

É comum os estudiosos atribuírem os problemas que teve Gregório de Matos Guerra com as autoridades ora à sua poesia erótica – que teria chocado a moralidade e algumas instituições da época –, ora à sua poesia satírica – já que as autoridades e seus prepostos eram constantes alvos do deboche do poeta. Acontece que há muitas lacunas em sua biografia, que não se restringem somente às interpretações dos incidentes em que incorreu, mas também às datas mais pontuais.

---

9 QUALQUER agente químico usado para queimar, principalmente tecidos orgânicos, em alguns tratamentos. E também *castigo, punição*.

10 *A poesia de Gregório de Matos*. São Paulo: Edusp, 1995. p. 59.

11 *DE Anchieta a Euclides: breve história da Literatura Brasileira*. 2. ed. Rio de Janeiro: 1979, José Olympio. p. 20. v. 1.

A começar pela própria data de nascimento do autor. Há pelo menos três, apontadas por diferentes razões: 1623, 1633 e 1636. Spina[12], na biografia que introduz sua antologia de poemas, aceita a primeira (ressalvando a possibilidade de erro), baseado nas datas posteriores: Gregório de Matos teria estudado no Colégio dos Jesuítas, em Salvador, Bahia, e se transferido aos 19 anos – em 1642 – para Coimbra, Portugal, onde se formou em Direito. Em 1681, já estaria de volta ao Brasil, onde teria permanecido até seu exílio em Angola, África, na primeira metade da década de 1690.

Sua família, além de abastada, era católica e rigorosa na educação. A esse rigor, veio se somar a formação jesuítica, não menos exigente. Encontramos, além disso, Gregório de Matos exercendo, por curtos períodos, cargos ligados à instituição religiosa. Teve inclusive um irmão, Eusébio, que se notabilizou na carreira eclesiástica.

Um dos códices manuscritos de Gregório de Matos, forma em que circulou sua obra; século XVII.

12 *Op. cit.*, p.17 ss.

A sua volta ao Brasil nunca foi bem explicada. Fosse por tédio, por rejeição ao estilo de vida fútil e ocioso da aristocracia da Corte, com a qual conviveu intimamente; por melancolia e desejo de afastar-se, já que ficou viúvo em 1678; ou por ter sido expulso de lá, como represália por seus poemas satíricos – nada parece ter tido efeito no sentido de torná-lo mais contido. Tanto que foi novamente degredado, do Brasil para Angola.

Embora muitos citem os desafetos de Gregório, poucos falam de sua vida boêmia, em meio à qual conquistou um largo círculo de amizades. Tocava muito bem a viola de arame – um rústico instrumento de cordas de arame, típico do lundu, ritmo africano, uma das fontes do samba, no Rio de Janeiro, no final do século XIX. Conta-se que ele entoava alguns dos seus poemas ao longo de festivas noites, passadas em claro nas ruas de Salvador.

Há também controvérsias sobre seus sentimentos em relação ao Brasil. Alguns dizem que ele rejeitava sua terra natal. Outros, que odiava o aspecto rude e inculto local, e a corrupção oficial. Fato é que, em sua poética, adotou como ingrediente vital não somente o erotismo dirigido à mulher mulata, tão caracteristicamente brasileira, como também um "léxico tropicalizado"[13], "termos da extração indígena e africana, locuções populares, gírias etc.".

Assim, no âmago de sua produção, há indícios que apontam para um legítimo sentimento de pertencer a esta terra – ou seja, o que se costuma chamar de *nativismo*, uma das matérias-primas não só da literatura, como também das insurreições contra a opressão, nos anos e mesmo séculos adiante. Neste aspecto, Gregório foi um precursor.

---

13 *GREGÓRIO de Matos*. Seleção de textos, notas, estudo biográfico, histórico e crítico por Antonio Dimas. 2. ed. São Paulo: Nova Cultural (Literatura Comentada), 1988. p. 167-8.

Perdoado de sua pena de degredo por ter colaborado com o governo local na repressão a uma conjura, recebeu licença para retornar ao Brasil, mas não para a Bahia, onde ainda tinha inimigos que não o perdoavam. Foi para Olinda, Pernambuco, e lá testemunhou o auge do Ciclo do Açúcar. Morreu (sempre seguindo a cronologia de Spina) poucos anos depois, aos 73 anos, em 1696.

O Barroco abrasileirado

> Ao contrário de uma tendência generalizada na época, o poeta barroco [*Gregório de Matos Guerra, complemento de L.A.A.*] não se entronca no nativismo pelo caminho da exaltação ufanista da paisagem... manejando um vocabulário acessível, o poeta baiano "abrasileiriza" o barroco importado e se constitui num importante elo de ligação com a fonte europeia, medida que conserva os traços fundamentais da estética em voga, sem perder de vista a realidade onde vive... Seus versos são um *melting pot*[14] poético. Espelho fiel de um país que se formava.
>
> Antonio Dimas[15]

Todas as escolas literárias ou estilos de época percorrem ciclos de vida, geralmente de algumas décadas. É visível um momento inicial, em que uma tendência tenta se impor e se consolidar, enfrentando a resistência dos parâmetros estéticos e filosóficos da tendência corrente. É o momento em que a primeira representa uma força inovadora, que subverte a arte e cria novas formas e temas para expressar o mundo. Geralmente, há uma correspondência histórica com esse movimento, episódios que estão modificando o

---

14 LITERALMENTE, em inglês, *pote de misturas*, recipiente no qual se misturam diferentes ingredientes. Expressão utilizada como metáfora da mestiçagem, da combinação de elementos de fontes diversas que resultam numa determinada formação ou expressão cultural.

15 *OP. cit.*

contexto em que a arte habita. Essa correspondência pode ser sutil, velada – nada tão mecânico, nem tão linear como uma relação usual de causa e efeito. Passado o ímpeto, vem o período em que a novidade se estabelece na condição de tendência dominante e perde aos poucos seu vigor subversivo, sua própria condição de novidade. Posteriormente, vai se dar o período final, o exaurimento, o cansaço, que já prenuncia sua sucessão pelo próximo ciclo de inovação.

O Classicismo, tendo como fonte de inspiração os modelos e temas da antiguidade greco-romana, encontrava-se justamente nesse momento de "fadiga", no final do século XVI. Caso se queira ter uma data de referência, para Portugal aponta-se 1580, o ano da morte de Luís de Camões, autor de *Os Lusíadas*, um épico sobre a Era das Navegações Portuguesas, até hoje o maior clássico da poesia em língua portuguesa. Já da Espanha, vinha a forte influência de sua Época de Ouro, com os poetas Góngora e Quevedo, este último sempre apontado como a principal inspiração de Gregório de Matos[16].

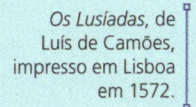

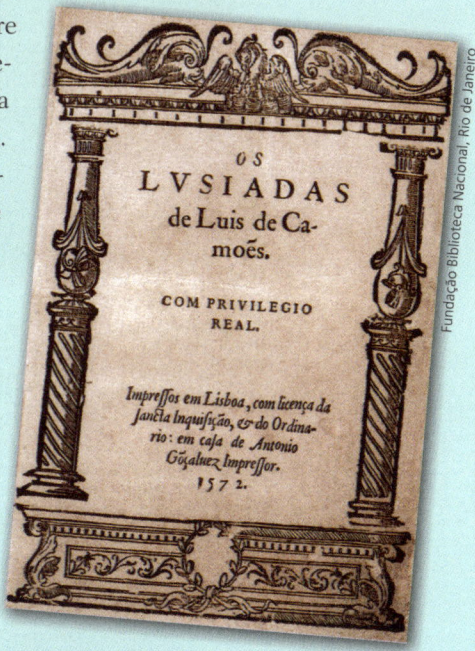

Os Lusíadas, de Luís de Camões, impresso em Lisboa em 1572.

Fundação Biblioteca Nacional, Rio de Janeiro

---

16 HÁ quem acuse Gregório de Matos de plagiar Quevedo, e, de fato, alguns poemas do baiano guardam semelhanças com os do poeta espanhol. No entanto, como mencionam autores como Merquior (*op. cit.*, p. 20) e outros, a *originalidade* é um valor moderno, e cultivar os clássicos, os modelos de excelência, foi até o Romantismo um ideal estético perseguido pelos melhores autores. Em outras palavras, pode ser que Gregório, longe de ficar ofendido, poderia se sentir lisonjeado ao ser colocado próximo a seus modelos poéticos.

> Tardou bastante o reconhecimento entre nós da importância do barroco, e em torno de Gregório de Matos, nosso mais destacado poeta do período e um dos maiores nomes de toda a nossa literatura... travou-se uma querela que assumiu por vezes aspectos injustos e virulentos.
>
> Haroldo de Campos[17]

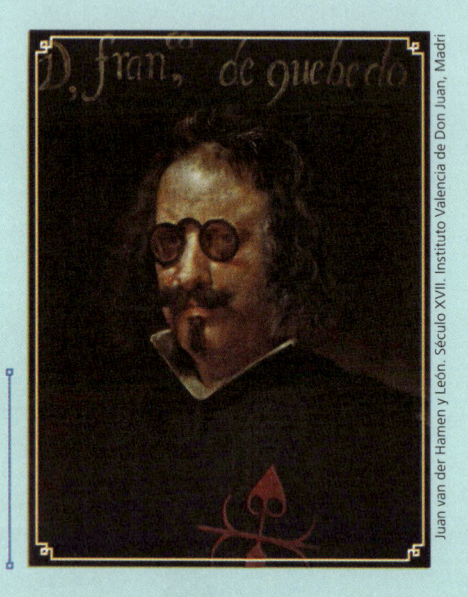

Imagem de Francisco de Quevedo y Villegas, escritor espanhol do período barroco.

Grosso modo, o Barroco é uma reação à contenção, à simetria e aos modelos greco-romanos clássicos do Renascimento, além de uma substituição da temática inspirada na mitologia por um centramento na fé católica[18]. Ressalta-se "a euforia dos sentidos", o sensualismo, a "tensão entre a fé e a razão, misticismo e erotismo... entre a miséria da carne e a transcendência do espírito, entre a racionalidade e a fantasia etc.". Todos esses elementos estão presentes na poesia de Gregório de Matos.

---

17 "PREFÁCIO", em SPINA, *op. cit.*, p. 9-10.
18 VER verbete "Barroco". In: MOISÉS, Massaud. *Dicionário de termos literários*. 2. ed. São Paulo: Cultrix, 1978. p. 57.

"O nascimento de Vênus", têmpera sobre tela de Sandro Boticelli; o Barroco foi uma reação ao Classicismo do Renascimento.

Entretanto, a subversão do poeta foi dedicar-se a outros vieses que escapavam do tom confessional, dessa "cosmovisão culpada", desse sentimento de *fraquejar* e *estar em pecado* diante dos prazeres mundanos.

Por exemplo, também é citada como característica básica do Barroco "a recusa do vocabulário 'fácil', popular"[19]. Já Gregório traz para a poesia palavras dos idiomas africanos e indígenas, que o cercavam, e expressões populares em profusão[20]. Seu erotismo (alegre, brejeiro, celebrando a beleza feminina e o desejo que lhe desperta) foi entendido como "alteração expressiva no lirismo amoroso em língua portuguesa"[21].

Fachada da igreja da Ordem Terceira de São Francisco, em Salvador, Bahia, construída entre 1702 e 1703; é um belo exemplo do Barroco brasileiro.

---

19 MOISÉS, *op. cit.*, p. 59.

20 SPINA, *op. cit.*, traz um breve vocabulário dos "tupismos e brasileirismos que saíram da pena gregoriana", p. 42 ss.

21 MERQUIOR, *op. cit.*, p. 21.

É com essas inovações e desvios que o "sátiro baiano"[22], mesmo exilado em sua própria poesia, sem interlocutores – nem ao menos outros autores com quem trocar ideias, nem público leitor –, cria seu "barroco tropical"[23].

O cronista, o precursor

> Gregório fez da sátira seu breviário; é ele quem no Brasil inicia o filão da farsa e do espírito destrutivo... É por intermédio deles [*Gregório e Antônio Vieira, adendo de L.A.A.*] e dos cronistas da época que poderemos reconstruir com grande fidelidade o retrato da sociedade brasileira do século XVII... Ai de quem caísse na caldeira incandescente desse anjo das trevas!
>
> Segismundo Spina[24]

A sátira gregoriana é o aspecto mais conhecido e estudado de sua obra. E ele atacou a "política velhaca instituída na Colônia"[25], os fidalgos caricatos, a corrupção moral, inclusive na instituição católica, contrastando-os com os rígidos preceitos morais que pregava, bem como a roubalheira e a falta de competência, inteligência e cultura dos que administravam a Colônia.

Por muitos, ele é visto como o que retratou, com mais vivacidade e mordacidade, a sociedade açucareira colonial. Nisso, foi espontaneamente favorecido pelo seu desinteresse de pintar retratos exóticos, ao gosto das populações europeias – que viam o Brasil, nostalgicamente, como um paraíso natural, algo da

---

22 BOSI, Alfredo. *História concisa da Literatura Brasileira*. 3. ed. São Paulo: Cultrix, 1984. p. 43. *Sátiro* é uma criatura da mitologia grega, com cabeça, membros superiores e tronco de homem, mas com chifres na testa, às vezes, retratado com orelhas de bode, e partes inferiores do corpo, de bode. Correspondente ao fauno da mitologia romana.

23 SPINA, *op. cit.*, p. 31.

24 *OP. cit.*, p. 54-5.

25 *OP. cit.*, p. 57.

ingenuidade e do vigor perdidos (e idealizados) pelo Velho Continente –, a exemplo do que faziam os cronistas tradicionais, a maioria deles viajantes europeus, com o propósito de levar daqui, para seus países e mercados culturais, matéria-prima para lucrativos livros e exposições de quadros, exaltando a beleza e pujança da terra desconhecida. Não que essas obras não tenham imenso valor – obviamente têm. Entretanto, em Gregório encontra-se o "lado oculto", cuja revelação era indesejada e para a qual não havia público ávido. Essa postura lhe valeu não só o apelido condenatório, Boca do Inferno, mas também muita perseguição.

De certo modo, a crítica política, social, cultural e de costumes de sua poética é justamente seu aspecto mais atual. Bem a propósito, foi homenageado na citação que Caetano Veloso fez do poema *Triste Bahia*, numa composição da década de 1970[26], com o mesmo título. Caetano voltava ao Brasil de onde fora expulso pela ditadura militar, e é emblemática a menção ao seu conterrâneo, Gregório, para quem o exílio fora constante.

Claes Jansz Visscher. 1624. John Carter Brown/Universidade Brown, Providence

Diogo de Mendonça Furtado, governador-geral do Brasil entre 1621 e 1624, conversando com um jesuíta, em Salvador, Bahia. Gregório de Matos satirizou autoridades políticas e eclesiásticas de seu tempo.

---

26 *LP Transa*. Universal, 1972.

> Triste Bahia! Oh quão dessemelhante
> Estás, e estou do nosso antigo estado!
> Pobre te vejo a ti, tu a mi empenhado,
> Rica te vejo eu já, tu a mi abundante.
>
> A ti tocou-te a máquina mercante,
> Que em tua larga barra tem entrado,
> A mim foi-me trocando, e tem trocado
> Tanto negócio, e tanto negociante.
>
> Gregório de Matos, "Triste Bahia", p. 153.

Gravura do século XVII retrata vista da Bahia de Todos os Santos e da cidade de São Salvador, Bahia.

Esse homem atormentado, seduzido pela alegria da vida, mas carregando consigo a condenação religiosa de sua época e da sua formação de infância... Esse homem culto, tentando sobreviver em um meio de inépcia e negação... Poeta, perdido entre "tanto negócio, tanto negociante", com frequência envolvendo procedimentos escusos... Ele foi capaz de criar uma poesia que, ao mesmo tempo, serviu de ponte entre continentes, e entre diferentes momentos da história, da vida e da sensibilidade brasileiras. Em alguma medida, isso se deveu a ter sido nosso primeiro *poeta maldito*. E, se foi um dos iniciadores da poesia brasileira – não apenas escrita no Brasil em moldes importados, mas empenhada em cunhar uma poética nativa –, a criou tanto no aspecto político quanto estético, sob a marca da rebeldia.

Luiz Antonio Aguiar